Das Erste Polnische Lesebuch für Studenten

Wiktor Kopernikus

Das Erste Polnische Lesebuch für Studenten

Zweisprachig mit Polnisch-deutscher Übersetzung
Stufen A1 und A2

Das Erste Polnische Lesebuch für Studenten

von Wiktor Kopernikus

Audiodateien

 **www.lppbooks.com/Polish/FPRS/**

Homepage: www.audiolego.com

Umschlaggestaltung: Audiolego Design

Zawartość
Inhaltsverzeichnis

Polski alphabet
Das polnische Alphabet

Buchstabe	Lautschrift (IPA)	Aussprache
a	[a]	kurzes a wie in B**a**d
ą	[õ]	Nasallaut, wie in B**o**nbon
b	[b]	b wie in **B**ach
c	[ts]	z wie in **Z**aun
ć	[tç]	tch, wie in Brö**tch**en
d	[d]	d wie in **D**om
e	[ɛ]	wie deutsches ä in **Ä**pfel
ę	[ɛ̃]	Nasallaut wie in Cous**in**
f	[f]	f wie in **F**isch
g	[g]	g wie in **G**arten
h	[x]	ch wie in Ba**ch**
i	[i]	i wie in **I**nsel
j	[j]	j wie in **j**etzt
k	[k]	k wie in **K**orn
l	[l]	l wie in **L**eben
ł	[w]	w wie im engl. **w**ood
m	[m]	m wie in **M**ilch
n	[n]	n wie in **N**ame
ń	[ŋ]	n wie ng in Ko**gn**ac
o	[ɔ]	o wie in **O**tto
ó	[u]	u wie in **U**hr
p	[p]	p wie in **P**iste
r	[r]	gerolltes Zungen -r wie in **R**uder

s	[s]	s immer wie deutsches ss/ß, z.B. in Flu**ss** (auch bei st/sp)
ś	[ç]	ch wie in Re**ch**t
t	[t]	t wie in **T**isch
u	[u]	u wie in **U**hr
w	[v]	w wie in **W**inter
y	[ɨ]	i wie in T**i**sch
z	[z]	s wie in **S**inger
ź	[ʑ]	stimmhafter Zischlaut
ż	[ʒ]	weiches, stimmhaftes sch wie in **J**ournalist

Digraph	**Lautschrift (IPA)**	**Aussprache**
ch	[x]	wie ma**ch**en
cz	[t͡ʂ]	wie Deu**tsch**land
dz	[d͡z]	wie engl. be**ds**
dź	[d͡ʑ]	wie engl. **J**eep
dż	[d͡ʐ]	wie **Dsch**ungel
rz	[ʐ]	wie **J**ournalist
sz	[ʂ]	wie **Sch**ule

Fall Przypadek	**Frage**	**Pytanie**	**Beispiel**
Nominativ (Mianownik)	wer? was?	kto? co?	Jan Polanski
Genitiv (Dopełniacz)	wessen?	kogo? czego?	Jana Polanskiego
Dativ (Celownik)	wem?	komu? czemu?	Janowi Polanskiemu

Akkusativ (Biernik)	wen? was?	kogo? co?	Jana Polanskiego
Instrumental (Narzędnik)	mit wem? womit?	(z) kim? (z) czym?	(z) Janem Polanskim
Lokativ (Miejscownik)	über wen? worüber?	o kim? o czym?	(o) Janie Polanskim
Vokativ (Wołacz)	(Anredeform)	o!	Janie Polanski!

1

Die Audiodatei

Kuchnia

Die Küche

A

Słówka

1. albo, lub - oder
2. biały - weiß
3. biegać - laufen
4. blender - der Blender
5. brudny - schmutzig
6. chcieć - wollen
7. co - was
8. czajnik - der Teekessel
9. czerwony - rot
10. czysty - sauber
11. dach - das Dach
12. dla - für
13. dom - das Haus
14. drewiany, z drewna - hölzern, Holz-
15. drzwi - die Tür
16. duży - groß
17. ekspres do kawy - die Kaffeemaschine
18. gaz - das Gas

19. gdzie - wo
20. guma - der Gummi
21. herbata - der Tee
22. i - und
23. jasny - hell
24. jest - es gibt
25. kąt - die Ecke
26. koło, obok, przy - nah, in der Nähe
27. korytarz, przedpokój - der Flur
28. kot - die Katze
29. krzesło - der Stuhl
30. kubek, filiżanka - die Tasse
31. kuchenka - der Herd
32. kuchenny - Küchen-
33. kuchnia - die Küche
34. kura, kurczak - das Hühnchen
35. kwiat - die Blume
36. lodówka - der Kühlschrank
37. łyżka, łyżeczka - der Löffel
38. mały - klein
39. metalowy, z metalu - metallen, Metall-
40. miasto - die Stadt
41. mikser - der Mixer
42. morze - die See, das Meer
43. my - wir
44. mycie - das Waschen
45. na - auf
46. naczynia - das Geschirr
47. nad - über, oberhalb
48. naprzeciwko - gegenüber
49. nie; nie ma - nein; es gibt kein(e/en)
50. nowy - neu
51. obraz(ek) - das Bild
52. obrus - das Tischtuch
53. ogród - der Garten
54. okno - das Fenster
55. okrągły - rund
56. on/ona/ono - er/sie/es
57. pić - trinken
58. pies - der Hund
59. piękny, ładny - schön
60. po lewej (stronie) - links
61. po prawej (stronie) - rechts
62. przestronny - geräumig
63. przytulny - gemütlich
64. ryba - der Fisch
65. serwetka - die Serviette, das Mundtuch
66. stać - stehen
67. staranny - sorgfältig
68. stary - alt
69. statek - das Schiff
70. stół - der Tisch
71. sufit - die Decke
72. suszarka - der Trockner, der Fön (für die Haar)
73. szafa, szafka, regał - der Schrank
74. szary - grau
75. szklanka - das Glas

76. szklany, ze szkła - Glas-, gläsern
77. ściana - die Wand
78. tak - ja
79. talerz - der Teller
80. też, także - auch
81. to - das
82. toster - der Toaster
83. uchwyt, rączka - der Griff
84. ukraść - stehlen
85. ulica - die Straße
86. w - in
87. w domu - zu Hause
88. wchodzić - hineingehen, treten
89. widelec - die Gabel
90. wisieć - hängen
91. woda - das Wasser
92. wygodny - bequem
93. z - mit, aus, von
94. za - hinter
95. zielony - grün
96. zlew - der Ausguss
97. znajdować się - sich befinden
98. żółty - gelb
99. żyrandol - der Kronleuchter

Przełam lody
Brich das Eis

„Mamo, byłem dziś odważny!” mówi mały chłopiec do swojej mamy. „Patrzyłem na dużego, żywego żuka i nie uciekłem!”

„Mama, ich war heute mutig!“ sagt ein kleiner Junge zu seiner Mutter. „Ich habe mir einen großen, lebenden Käfer angesehen und bin nicht weggelaufen!“

B

To jest miasto. Ono jest duże i piękne. Znajduje się nad morzem.

To jest ulica. Ona znajduje się w mieście. Ulica jest duża i czysta.

To jest dom. Dom leży na ulicy. Jest miły i ładny. Ściany są białe. Dach jest czerwony. Drzwi są nowe. One są z drewna.

To jest ogród. Ogród jest koło domu. Jest duży i zielony. W ogrodzie pies goni kurę i depcze kwiaty.

Wchodzimy do domu. To jest przedpokój. Przedpokój jest przestronny i wygodny.

Po prawej jest kuchnia. Kuchnia jest duża i jasna. Ściany są żółte. Sufit jest biały.

Na suficie jest żyrandol. Jest duży i piękny.

To jest stół. Jest duży i okrągły. Na stole leży obrus.

To jest mikser. Leży na

Das ist eine Stadt. Sie ist groß und schön. Sie liegt in der Nähe der See.

Das ist eine Straße. Sie liegt in der Stadt. Die Straße ist groß und sauber.

Das ist ein Haus. Das Haus liegt an der Straße. Es ist angenehm und schön. Die Wände sind weiß. Das Dach ist rot. Die Tür ist neu. Sie ist aus Holz.

Das ist ein Garten. Der Garten liegt an dem Haus. Er ist groß und grün. Ein Hund verfolgt ein Hühnchen und trampelt über die Blumen im Garten. Er trampelt über die Blumen.

Wir gehen ins Haus ein. Das ist der Flur. Der Flur ist geräumig und bequem.

Rechts ist die Küche. Die Küche ist groß und hell. Die Wände sind gelb. Die Decke ist weiß.

Es gibt einen Kronleuchter unter der Decke. Er ist groß und schön.

Das ist ein Tisch. Er ist groß und rund. Ein Tischtuch liegt auf dem Tisch.

Das ist ein Mixer. Er liegt auf dem Tisch. Er ist bequem und klein.

stole. Jest wygodny i mały.

To jest szklanka. Ona też stoi na stole. Jest zrobiona ze szkła. Szklanka jest czysta.

Koło stołu jest krzesło. Jest drewniane. Krzesło jest wygodne.

To jest lodówka. Jest szara. Lodówka jest nowa. Stoi w kącie. Koło lodówki jest kot. Chce ukraść rybę z lodówki.

To jest toster. On stoi na lodówce. Toster jest mały i wygodny.

To jest ekspres do kawy. Stoi koło zlewu. Ekspres do kawy jest brudny.

To jest blender. On też znajduje się na lodówce. Jest biały. Blender jest stary.

Naprzeciwko lodówki jest okno. Jest duże i czyste.

To jest kuchenka. Znajduje się koło okna. Jest nowa i wygodna.

To jest czajnik. Stoi na kuchence gazowej. Jest metalowy i ma gumowy uchwyt.

Das ist ein Glas. Es steht auch auf dem Tisch. Es ist gläsern. Das Glas ist sauber.

Neben dem Tisch steht ein Stuhl. Er ist aus Holz. Der Stuhl ist bequem.

Das ist ein Kühlschrank. Er ist grau. Der Kühlschrank ist neu. Er steht in der Ecke. Eine Katze sitzt neben dem Kühlschrank. Sie will aus dem Kühlschrank einen Fisch stehlen.

Das ist ein Toaster. Er steht auf dem Kühlschrank. Er ist klein und praktisch.

Das ist eine Kaffeemaschine. Sie steht neben dem Ausguss. Die Kaffeemaschine ist schmutzig.

Das ist ein Blender. Er steht auch auf dem Kühlschrank. Er ist weiß. Der Blender ist alt.

Gegenüber des Kühlschranks gibt es ein Fenster. Es ist groß und sauber.

Das ist ein Herd. Er befindet sich neben dem Fenster. Er ist neu und praktisch.

Das ist ein Teekessel. Es steht auf dem Gasherd. Es ist metallen und hat einen Griff aus Gummi.

Koło lodówki jest zmywarka. Po lewej jest suszarka na naczynia.

To jest szafka. Ona wisi nad zlewem. Jest drewniana.

To jest serwetka. Znajduje się w szafce kuchennej. Jest mała i czysta.

To jest obraz. On wisi na ścianie. Na obrazie jest morze i statek.

To jest stół kuchenny. Stoi w kącie. Jest duży i drewniany.

To jest widelec. Leży na stole. Widelec jest metalowy. Jest czysty.

To jest talerz. Stoi na stole kuchennym. Talerz jest żółty. Jest mały i ładny.

To jest kubek. Też stoi na stole kuchennym. Kubek jest czerwony. Kot pije wodę z kubka.

To jest łyżeczka. Stoi w kubku. Łyżeczka jest metalowa. Jest mała.

Neben dem Kühlschrank steht eine Spülmaschine. Links gibt es einen Trockner für das Geschirr.

Das ist ein Regal. Er hängt über dem Ausguss. Er ist aus Holz.

Das ist eine Serviette. Es liegt in dem Küchenregal. Es ist klein und sauber.

Das ist ein Bild. Es hängt auf der Wand. Es gibt das Meer und ein Schiff auf dem Bild.

Das ist der Küchentisch. Er steht in der Ecke. Er ist groß und hölzern.

Das ist eine Gabel. Sie liegt auf dem Küchentisch. Die Gabel ist aus Metall. Sie ist sauber.

Das ist ein Teller. Er steht auf dem Küchentisch. Der Teller ist gelb. Er ist klein und schön.

Das ist eine Tasse. Sie steht auch auf dem Küchentisch. Die Tasse ist rot. Eine Katze trinkt Wasser aus der Tasse.

Das ist ein Teelöffel. Er befindet sich in einer Tasse. Der Löffel ist aus Metall. Er ist klein.

C

Pytania i odpowiedzi

- Gdzie jest miasto?
- Miasto leży nad morzem.
- Czy ulica jest duża czy mała?
- Ulica jest duża.
- Gdzie jest dom?
- Dom jest na ulice.
- Gdzie jest ogród?
- Ogród jest koło domu.
- Czy ogród jest duży czy mały?
- Ogród jest duży.
- Czy przedpokój jest przestronny?
- Tak, przedpokój jest przestronny.
- Gdzie jest kuchnia?
- Kuchnia jest po prawej stronie.
- Gdzie jest mikser?
- Mikser jest na stole.
- Czy na stole jest obrus?
- Tak, na stole jest obrus.
- Co stoi na stole?
- Na stole stoi szklanka.
- Czy ona jest brudna?
- Nie, szklanka jest czysta.
- Gdzie jest lodówka?

Fragen und Antworten

- Wo ist die Stadt?
- Sie liegt in der Nähe der See.
- Ist die Straße groß oder klein?
- Die Straße ist groß.
- Wo ist das Haus?
- Das Haus ist in der Straße.
- Wo ist der Garten?
- Der Garten befindet sich neben dem Haus.
- Ist der Garten groß oder klein?
- Der Garten ist groß.
- Ist der Flur geräumig?
- Ja, der Flur ist geräumig.
- Wo ist die Küche?
- Die Küche ist rechts.
- Wo ist der Mixer?
- Der Mixer liegt auf dem Tisch.
- Gibt es ein Tischtuch auf dem Tisch?
- Ja, es gibt ein Tischtuch auf dem Tisch.
- Was gibt es auf dem Tisch?
- Es gibt ein Glas auf dem Tisch.
- Ist das Glas schmutzig?
- Nein, das Glas ist sauber.
- Wo ist der Kühlschrank?

- Lodówka jest w kącie.
- Gdzie jest kot?
- Kot jest koło lodówki.
- Gdzie jest ekspres do kawy?
- Ekspres do kawy jest koło zlewu.
- Czy ekspres do kawy jest czysty?
- Nie, on jest brudny.
- Czy w kuchni jest okno?
- Tak, okno jest naprzeciwko lodówki.
- Czy okno jest duże?
- Tak, ono jest duże.
- Gdzie jest widelec?
- Widelec jest na stole kuchennym.
- Czy na stole jest też talerz?
- Tak, na stole kuchennym stoi talerz.
- Czy w kuchni są serwetki?
- Tak, serwetki są w szafce kuchennej.
- Czy w kuchni jest czysty kubek?
- Tak, w kuchni jest czysty kubek.
- Czy kubek jest czerwony?
- Tak, on jest czerwony.

- Der Kühlschrank steht in der Ecke.
- Wo ist die Katze?
- Die Katze sitzt neben dem Kühlschrank.
- Wo ist die Kaffeemaschine?
- Die Kaffeemaschine ist neben dem Ausguss.
- Ist die Kaffeemaschine sauber?
- Nein, sie ist schmutzig.
- Gibt es ein Fenster in der Küche?
- Ja, das Fenster ist gegenüber des Kühlschranks.
- Ist das Fenster groß?
- Ja, es ist groß.
- Wo ist die Gabel?
- Sie liegt auf dem Küchentisch.
- Ist der Teller auch auf dem Küchentisch?
- Ja, es gibt auch einen Teller auf dem Küchentisch.
- Gibt es Servietten in der Küche?
- Ja, es gibt Servietten in dem Küchenregal.
- Gibt eine saubere Tasse in der Küche?
- Ja, es gibt eine saubere Tasse in der Küche.
- Ist die Tasse rot?
- Ja, sie ist rot.

2

Die Audiodatei

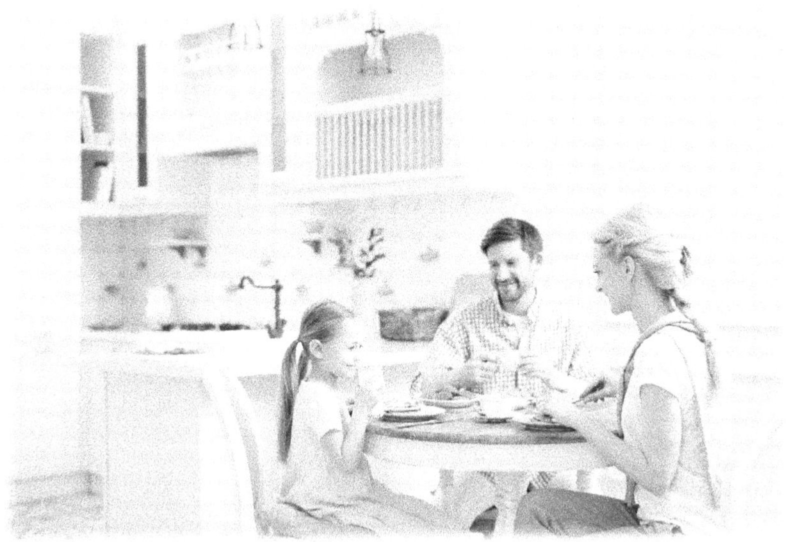

Gdzie jest jadalnia?

Wo ist das Speisezimmer?

A

Słówka

1. biały - weiß
2. brązowy - braun
3. czerwony - rot
4. cztery - vier
5. dywan - der Teppich
6. ile - wieviel
7. jadalnia - das Speisezimmer
8. jaki - welche(r/s), was für ein(e)
9. kolor, barwa - die Farbe
10. lustro - der Spiegel
11. nie - nicht
12. niebieski - blau
13. nowy - neu
14. nóż - das Messer
15. oglądać, patrzeć - anschauen
16. oni - sie (Pl.)
17. plastikowy, z plastiku - Kunststoff-, aus Kunststoff
18. podłoga - das Fußboden
19. pokój - das Zimmer
20. półka - das Regal
21. pusty - leer
22. siedzieć - sitzen

23. sześć - sechs
24. ta - diese (Fem.)
25. te - diese (Pl.)
26. ten - dieser
27. trzy - drei
28. tu, tutaj - hier
29. wazon - die Vase
30. wchodzić - (her)einkommen

Przełam lody
Brich das Eis

Dwaj mali chłopcy rozmawiają.
„Jak nazwałeś swojego młodszego brata?" pyta jeden drugiego.

„Chciałem go nazwać Batman", odpowiada chłopiec i wzdycha głęboko, „ale moi rodzice nazwali go Tom".

Zwei kleine Jungen reden.

„Wie hast du deinen jüngeren Bruder genannt?", fragt einer von ihnen den anderen.

„Ich wollte ihn Batman nennen", antwortete der Junge und seufzte tief, „aber meine Eltern nannten ihn Tom."

B

- Czy to jest kuchnia?
- Tak, to jest kuchnia.
- Gdzie jest jadalnia?
- Jadalnia jest po lewej stronie.
- Co to jest?

- Ist das die Küche?
- Ja, das ist die Küche.
- Wo ist das Speisezimmer?
- Das Speisezimmer ist links.
- Was ist das?

- To jest stół.
- Czy stół jest z plastiku?
- Nie, on jest drewniany.
- Co jest na stole?
- Na stole są talerze i łyżki.
- Czy one są czyste?
- Tak, one są czyste.
- Co jest koło stołu?
- To jest krzesło.
- Czy ono jest nowe?
- Tak, jest nowe i wygodne.
- Jakiego koloru jest krzesło?
- Krzesło jest brązowe.
- Ile krzeseł jest w tym pomieszczeniu?
- W tym pomieszczeniu są cztery krzesła.
- Gdzie są kubki?
- Kubki są na stole.
- Gdzie jest czajnik?
- Czajnik stoi na kuchence.
- Czy on jest pusty?
- Nie, on nie jest pusty. W czajniku siedzi kot.
- Co wisi na ścianie?
- To jest obraz.
- Czy ten obraz jest nowy czy stary?
- Jest stary i piękny.
- Gdzie są serwetki?

- Das ist ein Tisch.
- Ist der Tisch aus Kunststoff?
- Nein, er ist hölzern.
- Was gibt es auf dem Tisch?
- Es gibt Teller und Löffel auf dem Tisch.
- Sind sie sauber?
- Ja, sie sind sauber.
- Was gibt es an dem Tisch?
- Das ist ein Stuhl.
- Ist er neu?
- Ja, er ist neu und bequem.
- Welche Farbe hat dieser Stuhl?
- Der Stuhl ist braun.
- Wie viele Stühle gibt es in diesem Raum?
- Es gibt vier Stühle in diesem Raum.
- Wo sind die Tassen?
- Die Tassen stehen auf dem Tisch.
- Wo ist der Teekessel?
- Der Teekessel ist auf dem Herd.
- Ist er leer?
- Nein, er ist nicht leer. Die Katze sitzt in dem Teekessel.
- Was hängt auf der Wand?
- Das ist ein Bild.
- Ist das Bild neu oder alt?
- Es ist schön und alt.
- Wo sind die Servietten?

- Serwetki są w szafce.
- Gdzie jest szafka?
- Stoi koło obrazu.
- Jakiego koloru jest szafka?
- Jest biała.
- Ile półek jest w szafce?
- W szafce są trzy półki.
- Gdzie są widelce?
- Widelce też są w szafce.
- Co to jest?
- To jest lustro. Pies patrzy w lustro.
- Co jest na podłodze?
- To jest dywan.
- Jakiego koloru jest dywan?
- Dywan jest niebieski.
- Jakiego koloru jest sufit?
- Sufit jest szary.
- Co wisi na suficie?
- To jest żyrandol.
- Jakiego koloru jest żyrandol?
- Żyrandol jest niebiesko-biały.
- Gdzie jest lodówka?
- Stoi w kuchni.
- Czy lodówka jest duża?
- Tak, jest duża.
- Jakiego koloru jest lodówka?
- Lodówka jest szara. Kot je rybę z lodówki.
- Gdzie jest blender?

- Die Servietten sind im Schränkchen.
- Wo ist das Schränkchen?
- Es steht in der Nähe des Bildes.
- Welche Farbe hat das Schränkchen?
- Es ist weiß.
- Wie viele Regale gibt es im Schränkchen?
- Das Schränkchen hat drei Regale.
- Wo sind die Gabeln?
- Die Gabeln sind auch im Schränkchen.
- Was ist das?
- Das ist ein Spiegel. Der Hund schaut in den Spiegel.
- Was liegt auf dem Fußboden?
- Das ist ein Teppich.
- Welche Farbe hat der Teppich?
- Der Teppich ist blau.
- Welche Farbe hat die Decke?
- Die Decke ist grau.
- Was hängt unter der Decke?
- Das ist ein Kronleuchter.
- Welche Farbe hat der Kronleuchter?
- Der Kronleuchter ist blau und weiß.
- Wo ist der Kühlschrank?
- Er steht in der Küche.
- Ist der Kühlschrank groß?
- Ja, er ist groß.
- Welche Farbe hat der Kühlschrank?
- Der Kühlschrank ist grau. Die Katze frißt einen Fisch aus dem Kühlschrank.
-Wo ist der Blender?

- Leży na lodówce.
- Czy blender jest nowy?
- Tak, on jest nowy.
- Gdzie jest ekspres do kawy?
- Stoi koło zlewu.
- Czy ekspres do kawy jest czysty?
- Nie, on jest brudny.
- Gdzie jest toster?
- Jest w szafce kuchennej.
- Co stoi na stole?
- To jest wazon.
- Czy wazon jest szklany?
- Tak, on jest szklany.
- Co stoi w wazonie?
- To są kwiaty.
- Ile kwiatów stoi w wazonie?
- W wazonie jest sześć kwiatów.
- Jakiego koloru są kwiaty?
- Są czerwone.
- Czy tu jest mikser?
- Nie, mikser jest w kuchni.
- Czy w szafce są noże?
- Tak, noże są w szafce.
- Jakiego koloru jest ten talerz?
- Jest niebieski.
- Jakiego koloru jest ta ściana?
- Ściana jest zielona.

- Er liegt auf dem Kühlschrank.
- Ist der Blender neu?
- Ja, er ist neu.
- Wo ist die Kaffeemaschine?
- Sie steht neben dem Ausguss.
- Ist die Kaffeemaschine sauber?
- Nein, sie ist schmutzig.
- Wo ist der Toaster?
- Er ist im Küchenregal.
- Was gibt es auf dem Tisch?
- Das ist eine Vase.
- Ist die Vase gläsern?
- Ja, sie ist gläsern.
- Was steht in der Vase?
- Es sind Blumen da.
- Wie viele Blumen gibt es in der Vase?
- Es sind sechs Blumen in der Vase.
- Welche Farbe haben diese Blumen?
- Sie sind rot.
- Gibt es den Mixer hier?
- Nein, der Mixer ist in der Küche.
- Gibt es Messer im Schränkchen?
- Ja, es sind Messer im Schränkchen.
- Welche Farbe hat dieser Teller?
- Er ist blau.
- Welche Farbe hat diese Wand?
- Die Wand ist grün.

3

Die Audiodatei

Sala

Der Saal

A

Słówka

1. beżowy - beigefarben, beige, sandfarbig
2. ciekawy - interessant
3. czarny - schwarz
4. czy - ob
5. fotel - der Sessel
6. jeszcze - mehr, noch
7. kanapa - das Sofa
8. koło, obok, przy - bei, an, nah
9. kominek - der Kamin
10. książka - das Buch
11. lampa - die Lampe
12. leżeć - liegen
13. miękki - weich
14. mijać, upływać - vergehen
15. pod - unter
16. poduszka - das Kissen
17. pracować - arbeiten

18. prosto, na wprost - geradeaus
19. purpurowy - purpurrot
20. radio - der Rundfunk, das Radioapparat
21. regał - das Bücherschrank
22. róża - die Rose
23. sala - der Saal, die Halle
24. stolik - das Tischlein
25. Szekspir - Shakespeare
26. telewizor - der Fernseher
27. też, także - auch
28. tulipan - die Tulpe
29. wiele - viele
30. włącznik - der Schalter
31. zdjęcie, fotografia - das Foto

Przełam lody
Brich das Eis

Mama wchodzi do sypialni i widzi swojego małego synka leżącego na podłodze.

Eine Mutter kommt ins Schlafzimmer und sieht ihren kleinen Sohn auf dem Boden liegen.

„Paul, czy ty śpisz?" pyta mama.

„Paul, schläfst du?", fragt die Mutter.

„Nie. Bawię się", odpowiada syn.

„Nein, ich spiele", antwortet der Sohn.

Mama odchodzi. Wraca do sypialni dziesięć minut później. Jej syn leży na podłodze w tym samym miejscu.

„W co się bawisz?", pyta.

„Bawię się w robota. Zepsutego robota."

Die Mutter geht weg. Sie kommt zehn Minuten später in das Schlafzimmer zurück. Ihr Sohn liegt auf dem Boden an der gleichen Stelle.

„Welches Spiel spielst du?", fragt sie.

„Ich spiele einen Roboter. Einen kaputten Roboter."

B

- Gdzie jest sala?

- Sala jest na wprost.

Wchodzimy do sali. Pomieszczenie jest duże i przytulne. Sufit jest szary. Ściany są zielone.

- Co jest na podłodze?

- Na podłodze leży dywan. Jest miękki. Dywan jest purpurowy.

- Co stoi na dywanie?

- Na dywanie stoi stolik do kawy. Stolik jest szklany. Na stoliku leży ciekawa książka. Jest szara.

- Gdzie jest fotel?

- Fotel stoi za stolikiem. Jest duży i wygodny.

- Czy w pomieszczeniu jest

- Wo ist der Saal?

- Der Saal ist geradeaus.

Wir treten in den Saal ein. Der Raum ist groß und gemütlich. Die Decke ist grau. Die Wände sind grün.

- Was gibt es auf dem Fußboden?

- Ein Teppich liegt auf dem Fußboden. Er ist weich. Der Teppich ist purpurrot.

- Was steht auf dem Teppich?

- Es gibt ein Tischlein auf dem Teppich. Das Tischlein ist aus Glas. Ein interessantes Buch liegt auf dem Tischlein. Es ist grau.

- Wo ist der Sessel?

- Der Sessel steht hinter dem Tischlein. Er ist groß und bequem.

- Gibt es ein Sofa in diesem Raum?

- Ja, ein Sofa steht in der Nähe des

kanapa?

- Tak, kanapa stoi koło okna. Kot siedzi na kanapie z rybą. Na kanapie leżą też poduszki. Są purpurowe. Poduszki są miękkie i wygodne.

- Co wisi na ścianie?

- Na ścianie wisi obraz.

- Gdzie jest kominek?

- Kominek jest pod obrazem. Jest duży i piękny.

- Co znajduje się na gzymsie?

- Na gzymsie jest zdjęcie i wazon.

- Co jest w wazonie?

- W wazonie stoją piękne żółte róże.

- Ile róż jest w wazonie?

- W wazonie jest sześć róż.

- Czy w sali są jeszcze jakieś kwiaty?

- Tak, na parapecie stoją tulipany.

- Czy w sali są książki?

- Tak, w regale jest dużo książek.

- Gdzie jest regał?

- Stoi koło drzwi.

- Co znajduje się na regale?

Fensters. Eine Katze sitzt auf dem Sofa mit dem Fisch. Kissen liegen auch auf dem Sofa. Sie sind purpurrot. Die Kissen sind weich und bequem.

- Was hängt an der Wand?

- Ein Bild hängt an der Wand.

- Wo ist der Kamin in diesem Raum?

- Der Kamin ist unter dem Bild. Er ist groß und schön.

- Was gibt es auf dem Sims?

- Es gibt ein Foto und eine Vase auf dem Sims.

- Was gibt es in der Vase?

- Es gibt schöne gelbe Rosen in der Vase.

- Wie viele Rosen gibt es in der Vase?

- Es gibt sechs Rosen in der Vase.

- Gibt es mehr Blumen in diesem Raum?

- Ja, es gibt Tulpen auf der Fensterbank.

- Gibt es Bücher in diesem Raum?

- Ja, es gibt viele Bücher im Bücherschrank.

- Wo ist das Bücherschrank?

- Es steht in der Nähe der Tür.

- Na regale są książki i zdjęcia.
- Czy na regale są książki Szekspira?
- Tak, są czerwone.
- Ile półek ma regał?
- Regał ma cztery półki.
- Co jest na suficie?
- Na suficie znajduje się nowy żyrandol.
- Gdzie jest włącznik światła?
- Włącznik jest na ścianie po prawej stronie.
- Czy w sali jest więcej lamp
- Tak, koło kanapy stoi jeszcze jedna lampa.
- Jakiego koloru jest ta lampa?
- Jest beżowa.
- Czy jest tu telewizor?
- Tak, stoi w kącie.
- Czy telewizor jest duży czy mały
- Jest duży i czarny.
- Czy to radio działa?
- Tak, ono działa.

- Was gibt es in dem Bücherschrank?
- Es gibt Bücher und Fotos im Bücherschrank.
- Gibt es Bücher von Shakespeare im Schrank?
- Ja, sie sind rot.
- Wie viele Regale gibt es im Bücherschrank?
- Es gibt vier Regale im Bücherschrank.
- Was gibt es auf der Decke?
- Ein neuer Kronleuchter hängt von der Decke.
- Wo ist der Schalter?
- Der Schalter ist auf der Wand auf der rechten Seite.
- Gibt es mehr Lampen in diesem Raum?
- Es gibt noch eine Lampe neben dem Sofa.
- Welche Farbe hat diese Lampe?
- Sie ist beige.
- Gibt es da einen Fernseher?
- Ja, er ist in der Ecke.
- Ist der Fernseher groß oder klein?
- Er ist groß und schwarz.
- Funktioniert dieses Radio?
- Ja, es funktioniert.

4

Die Audiodatei

Łazienka

Das Badezimmer

A

Słówka

1. bielizna - die Wäsche
2. chłodny, zimny - kühl
3. czyścić - reinigen, sauber machen
4. czytać - lesen
5. dywanik - der Läufer, der Bettvorleger
6. gorący - heiß
7. jedzenie - das Essen
8. jeść - essen
9. koło, obok, przy - neben
10. kosz - der Korb
11. kran, kurek - der Wasserhahn
12. łazienka - das Badezimmer, das Bad
13. maszyna - die Maschine
14. można - möglich
15. myć się - sich waschen
16. myć, prać - waschen
17. mydło - die Seife
18. odpoczywać - sich ausruhen, sich erholen
19. papier - Papier
20. prysznic - die Dusche
21. przyrządzać - zubereiten
22. ręcznik - das Handtuch

23. ręka - die Hand
24. robić - machen
25. rozmawiać, gadać - sprechen, plaudern
26. sedes, toaleta - die Toilette
27. słuchać - hören
28. szczotka - die Bürste
29. śmieci - der Müll, der Abfall
30. toaletowy - Toiletten-
31. umywalka - das Waschbecken
32. wana - die Badewanne
33. wziąć - nehmen
34. z - mit
35. zęby - die Zähne

Przełam lody
Brich das Eis

Tata z małą córeczką wracają do domu z placu zabaw. Córka chce wrócić na plac zabaw i dalej się bawić. Zaczyna płakać.

„Co się stało?" pyta mama.

„Ten tata ... nasz tata torturuje dzieci!" krzyczy mała dziewczynka.

„Jakie dzieci?" pyta mama.

„Mnie!" odpowiada córka.

Ein Vater und seine kleine Tochter kehren vom Spielplatz heim. Die Tochter will zurück zum Spielplatz gehen und das Spielen fortsetzen. Sie beginnt zu weinen.

„Was ist passiert?“, fragt die Mutter.

„Dieser Papa… unser Papa foltert Kinder!“, schreit das Mädchen.

„Welche Kinder?“, fragt die Mutter.

„Mich!“, antwortet die Tochter.

 B

Przechodzimy do łazienki. Łazienka jest mała i jasna. Ściany łazienki są niebieskie. Sufit jest biały.

- Co to jest?

- To jest wanna.

- Czy jest z plastiku czy z metalu?

- Wanna jest plastikowa.

- Co jest nad wanną?

- Nad wanną jest kran i prysznic. Kran ma kurek z ciepłą i z zimną wodą.

- Co wisi na ścianie?

- To jest czysty ręcznik. Jest niebieski.

- Co leży na podłodze koło wanny?

- Koło wanny leży dywanik.

- Co jest po prawej stronie?

- To jest umywalka. Nad umywalką wisi lustro. Jest też kurek z ciepłą i z zimną wodą.

- Co leży na umywalce?

- Na umywalce leży mydło i szczoteczki do zębów.

- Co jest koło umywalki?

Wir gehen weiter ins Badezimmer. Das Bad ist klein und hell. Die Wände im Badezimmer sind blau. Die Decke ist weiß.

- Was ist das?

- Das ist die Badewanne.

- Ist sie aus Kunststoff oder aus Metall?

- Die Badewanne ist aus Kunststoff.

- Was gibt es über der Badewanne?

- Das ist der Wasserhahn und die Dusche. Es gibt einen Hahn mit warmem und mit kaltem Wasser.

- Was hängt an der Wand?

- Das ist ein sauberes Handtuch. Es ist blau.

- Was liegt neben der Badewanne auf dem Fußboden?

- Ein Läufer liegt neben der Badewanne.

- Was gibt es rechts?

- Das ist ein Waschbecken. Über dem Waschbecken hängt ein Spiegel. Es gibt auch einen Hahn mit warmem und kaltem Wasser.

- Was gibt es auf dem Waschbecken?

- Auf dem Waschbecken gibt es Seife und Zahnbürsten.

- Was gibt es neben dem Waschbecken?

- Das ist eine Waschmaschine. Sie ist

- To jest pralka. Jest biała. Pralka jest nowa.

- Co jest koło pralki?

- Koło pralki jest kosz na brudną bieliznę.

- Co stoi w kącie?

- W kącie jest kosz na śmieci.

- Co jest za umywalką?

- Za umywalką jest sedes.

- Co jest koło sedesu?

- To jest papier toaletowy i szczotka do mycia sedesu.

- Co można robić w łazience?

- W łazience można myć ręce, myć się, kąpać się i myć zęby.

- Co można robić w kuchni?

- W kuchni można przyrządzać jedzenie i zmywać naczynia.

- Co można robić w jadalni?

- W jadalni można jeść i rozmawiać.

- Co można robić w dużym pokoju?

- W dużym pokoju można odpoczywać, oglądać telewizję, słuchać radia, rozmawiać, czytać.

weiß. Die Waschmaschine ist neu.

- Was gibt es neben der Waschmaschine?

- Neben der Waschmaschine steht ein Korb mit schmutziger Wäsche.

- Was gibt es in der Ecke?

- In der Ecke steht ein Mülleimer.

- Was gibt es hinter dem Waschbecken?

- Hinter dem Waschbecken gibt es eine Toilette.

- Was gibt es neben der Toilette?

- Das ist Toilettenpapier und eine Toilettenbürste.

- Was kann man im Badezimmer machen?

- Im Badezimmer kann man die Hände waschen, sich waschen, ein Bad nehmen oder die Zähne putzen.

- Was kann man in der Küche machen?

- In der Küche kann man Essen zubereiten und das Geschirr waschen.

- Was kann man im Speisezimmer machen?

- Im Speisezimmer kann man essen und sprechen.

- Was kann man im Wohnzimmer machen?

- Im Wohnzimmer kann man sich erholen, fernsehen, Rundfunk hören, lesen oder sprechen.

5

Die Audiodatei

Czy umiesz mówić po niemiecku albo hiszpańsku?

Kannst du Deutsch oder Spanisch sprechen?

A

Słówka

1. (być) może - vielleicht
2. (po)starać się - sich bemühen
3. ale - aber
4. angielski - englisch
5. brać - nehmen
6. brat - der Bruder
7. być - sein
8. czekać - warten
9. dlaczego - warum
10. do domu - nach Hause
11. dobrze - gut
12. drzewo - der Baum
13. dzisiaj, dziś - heute
14. francuski - französisch
15. go, jego - ihn, sein
16. grać, bawić się - spielen
17. inny - andere(r/s)
18. iść - gehen
19. ja - ich
20. język - die Sprache, die Zunge
21. jutro - morgen
22. kawiarnia - das Café
23. kino - das Kino
24. komputer - der Computer
25. koszykówka - der Basketball
26. móc - können

27. mój - mein
28. mówić - sprechen
29. nasz - unser
30. pisać - schreiben
31. po - nach
32. po angielsku - auf Englisch
33. po francusku - auf Französisch
34. po hiszpańsku - auf Spanisch
35. po niemiecku - auf Deutsch
36. położyć - legen
37. pomagać - helfen
38. potrzebować - brauchen
39. powinien - sollen
40. praca - die Arbeit
41. przyjaciel - der Freund
42. sklep - das Geschäft, der Laden
43. sprzątać - aufräumen
44. swój - mein, dein etc. (eigen)
45. telefon - das Telefon
46. teraz - jetzt
47. trochę - ein bisschen
48. twój - dein
49. ty - du
50. uczyć - lehren, beibringen
51. umieć - können
52. wieczorem - abends, am Abend
53. wołać, nazywać - rufen, nennen
54. wziąć - nehmen
55. zachorować, być chorym - erkranken, krank sein
56. zadzwonić - anrufen
57. zapewne, chyba - wahrscheinlich
58. zeszyt - das Heft

Przełam lody
Brich das Eis

"How many girls are there in your class?" a mom asks her little daughter.

"There are seven girls in the

“Wie viele Mädchen sind in deiner Klasse?“, fragt eine Mutter ihre kleine Tochter.

„In meiner Klasse sind sieben

class," the girl answers.

"What about the boys?" the mom asks.

"There is a lot of the boys. But they always run back and forth. It is impossible to count them," the girl answers.

Mädchen“, antwortet das Mädchen.

„Was ist mit den Jungen?“, fragt die Mutter.

„Es sind viele Jungen. Aber sie rennen immer hin und her. Es ist unmöglich, sie zu zählen“, antwortet das Mädchen.

B

1

- Czy umiesz czytać po angielsku albo po francusku?

- Umiem czytać i pisać po angielsku i po francusku.

- Czy umiesz mówić w tym językach?

- Mówię trochę po angielsku. Nie mówię po francusku.

- Czy umiesz mówić po niemiecku albo hiszpańsku?

- Tak, mówię dobrze po nicmiccku i po hiszpańsku.

- Czy możesz mnie nauczyć hiszpańskiego?

- Tak, mogę. Ale musisz się postarać.

2

- Czy umiesz grać w koszykówkę?

- Nie, ale mogę się nauczyć.

1

- Kannst du Englisch oder Französisch lesen?

- Ich kann beide auf Englisch und auf Französisch lesen und schreiben.

- Kannst du diese Sprachen sprechen?

- Ich spreche ein bisschen Englisch. Ich kann Französisch nicht sprechen.

- Kannst du Deutsch oder Spanisch sprechen?

- Ja, ich spreche Deutsch und Spanisch gut.

- Kannst du mich Spanisch lehren?

- Ja, ich kann. Aber du musst dich bemühen.

2

- Kannst du Basketball spielen?

- Nein, aber ich kann es lernen.

- Vielleicht spielen wir morgen?

- Może pogramy jutro?

- Jutro nie mogę, ale mogę pograć dzisiaj.

- Może dzisiaj wieczorem?

- Tak, mogę pograć wieczorem. Czy możesz zadzwonić do swoich przyjaciół?

- Tak, mogę.

3

- Gdzie jest twój brat?

- Musimy na niego poczekać.

- On chyba nie przyjdzie. Czy mogę iść do domu?

- Tak, możesz.

4

- Czy mogę wziąć tę książkę?

- Nie, nie możesz wziąć tej książki.

- Czy mogę wziąć ten kubek?

- Nie, nie możesz wziąć tego kubka. Możesz wziąć inny kubek z kuchni.

- Gdzie jest twój przyjaciel?

- Chyba jest na zewnątrz.

5

- Chyba pójdę do kina. Czy możesz iść ze mną?

- Nie, nie mogę. Muszę

- Morgen kann ich nicht, aber ich kann heute spielen.

- Vielleicht heute Abend?

- Ja, ich kann am Abend spielen. Kannst du deine Freunde anrufen?

- Ja, ich kann.

3

- Wo ist dein Bruder?

- Wir müssen auf ihn warten.

- Wahrscheinlich wird er nicht kommen. Kann ich nach Hause gehen?

- Ja, du kannst.

4

- Kann ich dieses Buch nehmen?

- Nein, du kannst dieses Buch nicht nehmen.

- Kann ich diese Tasse nehmen?

- Nein, du kannst diese Tasse nicht nehmen. Du kannst eine andere Tasse aus der Küche nehmen.

- Wo ist dein Freund?

- Er ist wahrscheinlich draußen.

5

- Ich werde wahrscheinlich ins Kino gehen. Kannst du mitkommen?

- Nein, ich kann nicht. Ich muss arbeiten.

pracować.

- Może pójdziesz po pracy?

- Tak, mogę iść po pracy.

- Gdzie jest moja książka?

- Chyba jest w szafie.

- Czy mogę wziąć twój długopis?

- Tak, możesz wziąć długopis z szafy.

6

- Czy mogę wziąć ten zeszyt?

- Nie, nie możesz wziąć tego zeszytu.

- Czy mogę usiąść przy stole?

- Tak, możesz.

- Czy mogę tu położyć mój zeszyt?

- Tak, możesz.

- Czy mogę pograć na komputerze?

- Tak, możesz teraz pograć.

- Potrzebuję do kogoś zadzwonić. Czy mogę wziąć ten telefon?

- Tak, możesz go wziąć.

- Czy możemy iść do kawiarni?

- Nie, muszę iść do pracy.

7

- Gdzie jest nasz kot?

- Chyba siedzi na drzewie.

- Vielleicht kannst du nach der Arbeit gehen?

- Ja, ich kann nach der Arbeit gehen.

- Wo ist mein Buch?

- Es ist wahrscheinlich in dem Bücherschrank.

- Kann ich deinen Kugelschreiber nehmen?

- Ja, du kannst einen Kugelschreiber aus dem Bücherschrank nehmen.

6

- Kann ich dieses Heft nehmen?

- Nein, du kannst dieses Heft nicht nehmen.

- Kann ich mich am Tisch setzen?

- Ja, du kannst.

- Kann ich meinen Heft hier legen?

- Ja, du kannst.

- Kann ich Computer spielen?

- Ja, du kannst jetzt spielen.

- Ich muss jetzt telefonieren. Kann ich dieses Telefon nehmen?

- Ja, du kannst es nehmen.

- Können wir zum Café gehen?

- Nein, ich muss arbeiten gehen.

7

- Wo ist unsere Katze?

- Sie ist wahrscheinlich auf dem

- Może jest w domu?

- Nie, nie ma go w domu.

8

- Dlaczego twój przyjaciel nie przyszedł?

- Chyba jest chory.

- Musisz teraz posprzątać duży pokój.

- Może mi pomożesz?

- Nie, muszę pozmywać naczynia.

9

- Gdzie są szczoteczki do zębów?

- Może leżą na pralce.

- Gdzie jest mój czerwony zeszyt?

- Chyba leży na kanapie.

- Może pójdziesz ze mną do sklepu?

- Tak, mogę pójść.

Baum.

- Vielleicht ist sie zu Hause?

- Nein, sie ist nicht zu Hause.

8

- Warum ist dein Freund nicht gekommen?

- Er ist wahrscheinlich krank.

- Du musst jetzt das Wohnzimmer aufräumen.

- Vielleicht kannst du mir helfen?

- Nein, ich muss das Geschirr waschen.

9

- Wo sind die Zahnbürsten?

- Vielleicht liegen sie auf der Waschmaschine.

- Wo ist mein rotes Heft?

- Es ist wahrscheinlich auf dem Sofa.

- Vielleicht kannst du mit mir zum Geschäft gehen?

- Ja, ich kann mitgehen.

6

Die Audiodatei

Czy możesz mi pomóc?

Kannst du mir helfen?

A

Słówka

1. chodzić - gehen
2. czas - die Zeit
3. czyj - wessen
4. detektyw - der Detektiv
5. garaż - die Garage
6. herbata - der Tee
7. Hiszpan - der Spanier
8. ile lat - wie viele Jahre
9. jechać - fahren
10. jednak - doch
11. kobieta - die Frau
12. kochać - lieben
13. kot - die Katze
14. kto - wer
15. mało, niewiele - wenig
16. mama - die Mutti
17. mecz piłkarski - das Fußballspiel
18. mężczyzna - der Mann
19. mieć - haben
20. miłość - die Liebe
21. mleko - die Milch
22. moja - meine
23. motor, motocykl - das Motorrad
24. nienowy - nicht neu
25. numer - die Nummer
26. o - über

27. oczywiście - natürlich
28. odjechać - wegfahren
29. okulary - die Brille
30. pięć - fünf
31. po, wzdłuż - über
32. podobać się - gefallen
33. policja - die Polizei
34. pójść - gehen
35. przygoda - das Abenteuer
36. rok - das Jahr
37. sąsiad - der Nachbar
38. siostra - die Schwester
39. światło - das Licht
40. ta - diese (Sing.)
41. tam - dort
42. tata - der Papa
43. telefoniczny - Telefon-
44. turysta - der Tourist
45. ubranie - die Kleidung
46. wasz - ihr
47. widzieć - sehen
48. włączać - einschalten
49. Włoch - der Italiener
50. wolny, swobodny - frei
51. wszystko - alles
52. wtedy - damals, dann
53. wypić - trinken
54. zapisać - aufschreiben
55. zbiór, kolekcja - die Sammlung
56. znaleźć - finden
57. żyć - leben

Przełam lody
Brich das Eis

Tata czasem czyta swojej małej córeczce bajkę o Kopciuszku. Dziś czyta ją znów.

„Nigdy nie będę miała kogoś, kto mnie kocha, powiedziała

Ein Vater liest seiner kleinen Tochter manchmal die Geschichte von Cinderella vor. Heute liest er sie wieder.

„Ich werde niemals jemanden

Kopciuszek i smutno zapłakała", czyta na głos tata. Córka szybko bierze książkę z jego rąk.

„Będziesz! Będziesz!", mówi i przewraca strony książki, „książę cię pokocha!".

haben, der mich liebt, sagte Cinderella und weinte traurig", liest der Vater laut. Die Tochter nimmt schnell das Buch aus seinen Händen.

„Wirst du! Wirst du!", sagt sie und blättert durch das Buch, „Der Prinz wird dich lieben!"

B

1

- Czy mogę wziąć twój zeszyt?

- Tak, możesz. Leży na stole. Mój zeszyt jest niebieski.

- Nie mogę go znaleźć.

- Może mój zeszyt jest na kanapie.

- Tak, jest na kanapie.

- Czy masz inny długopis? Muszę zapisać numer telefonu.

- Mój długopis leży na stole. Jest z metalu.

2

- Ile lat ma wasz kot?

- Nasz kot ma pięć lat.

- Co lubi jeść wasz kot?

- Nasz kot lubi pić mleko.

- Ile lat ma jej kot?

1

- Kann ich dein Heft nehmen?

- Ja, du kannst. Es ist auf dem Tisch. Mein Heft ist blau.

- Ich kann es nicht finden.

- Vielleicht ist mein Heft auf dem Sofa.

- Ja, es ist auf dem Sofa.

- Hast du noch einen Kugelschreiber? Ich muss eine Telefonnummer aufschreiben.

- Mein Kugelschreiber liegt auf dem Tisch. Er ist aus Metall.

2

- Wie alt ist eure Katze?

- Unsere Katze ist fünf Jahre alt.

- Was frißt eure Katze am liebsten?

- Unsere Katze mag Milch trinken.

- Wie alt ist ihre Katze?

- Jej kot ma trzy lata.

3

- Czy masz dużo przyjaciół?

- Tak, mam dużo przyjaciół.

- Ja nie mam przyjaciół w tym mieście.

- Może wieczorem pójdziemy do kina z moimi przyjaciółmi. Czy pójdziesz z nami?

- Tak, mogę pójść.

- Czy twoja siostra też pójdzie z nami?

- Mogę do niej zadzwonić.

- Zadzwonię do ciebie wieczorem.

- Czy twoi przyjaciele mieszkają w tym mieście?

- Tak, wszyscy moi przyjaciele mieszkają w tym mieście.

4

- Muszę posprzątać pokój. Czy możesz mi pomóc?

- Nie, muszę znaleźć mój telefon.

- Może twój telefon jest w kuchni.

- Pomóż mi znaleźć telefon, a ja pomogę ci posprzątać pokój.

- Ihre Katze ist drei Jahre alt.

3

- Hast du viele Freunde?

- Ja, ich habe viele Freunde.

- Ich habe keine Freunde in dieser Stadt.

- Vielleicht werde ich am Abend mit meinen Freunden ins Kino gehen. Kannst du mitkommen?

- Ja, ich kann.

- Kann deine Schwester auch mitkommen?

- Ich kann sie anrufen.

- Ich werde dich am Abend anrufen.

- Wohnen deine Freunde in dieser Stadt?

- Ja, alle meine Freunde wohnen in dieser Stadt.

4

- Ich muss das Zimmer aufräumen. Kannst du mir helfen?

- Nein, ich muss mein Telefon finden.

- Vielleicht ist dein Telefon in der Küche.

- Hilf mir, mein Telefon zu finden und ich werde dir mit dem Saubermachen helfen.

5

- Czy masz jakieś ciekawe książki?

- Mam duży zbiór książek. Wiele z nich opowiada o przygodach. Mam też książki o miłości.

- Czy masz powieści detektywistyczne?

- Mam kilka.

- Czy mogę je obejrzeć?

- Tak, możesz. Stoją na półce z książkami. Na półce po prawej stronie.

- Moja mama też ma dużo książek.

6

- Muszę znaleźć okulary taty. Gdzie one są?

- Może jego okulary są na półce.

- Nie, tam ich nie ma.

- Więc może są na stole w pokoju.

- Znalazłam jego okulary.

7

- Muszę umyć nasze kubki.

- Musisz je umyć teraz?

- Tak, muszę je umyć teraz.

5

- Hast du irgendwelche interessanten Bücher?

- Ich habe eine große Buchsammlung. Viele von ihnen erzählen über Abenteuer. Ich habe auch Bücher über Liebe.

- Hast du Detektivromane?

- Ja, einige.

- Kann ich sie sehen?

- Ja, du kannst. Sie sind im Bücherregal. In dem Regal rechts.

- Meine Mutter hat auch eine Büchersammlung.

6

- Ich muss Papas Brille finden. Wo ist sie?

- Vielleicht ist seine Brille im Regal.

- Nein, seine Brille ist nicht dort.

- Dann ist sie auf dem Tisch im Zimmer.

- Ich habe die Brille gefunden.

7

- Ich muss unsere Tassen waschen.

- Musst du die Tassen jetzt waschen?

- Ja, ich muss sie jetzt waschen.

- Czy w tym pokoju są czyste kubki?

- Tak, na tamtej półce jest dużo czystych kubków.

- Który kubek jest mój?

- Twój kubek jest żółty, a mój jest niebieski.

- Gibt es saubere Tassen in diesem Zimmer?

- Ja, es gibt mehrere saubere Tassen in diesem Regal.

- Welche Tasse ist für mich?

- Deine Tasse ist gelb, aber meine ist blau.

8

- Ten mężczyzna to mój tata. To jest dom taty.

- Czy ten dom jest nowy?

- Nie, on nie jest nowy.

- Czy to twój samochód?

- Nie, ten samochód jest niebieski, a nasz jest czerwony.

8

- Dieser Mann ist mein Papa. Das ist Papas Haus.

- Ist sein Haus neu?

- Nein, es ist nicht neu.

- Ist das dein Auto?

- Nein, dass ist ein blaues Auto, und unser Auto ist rot.

9

- To jest moja mama.

- Czy ona wychodzi z domu?

- Tak, ona idzie do pracy.

- Czy to jej samochód?

- Tak, to jest samochód mojej mamy. Jej samochód jest nowy.

- Czy twój tata też ma samochód?

- Tak, jego samochód jest w garażu.

9

- Das ist meine Mutter.

- Geht sie weg?

- Ja, sie geht arbeiten.

- Ist das ihr Auto?

- Ja, das ist das Auto meiner Mutter. Ihr Auto ist neu.

- Hat dein Papa auch ein Auto?

- Ja, sein Auto steht in der Garage.

10

- Czy lubisz psy?

- Nie, ale moja mama ma psa.

- Czy to jest pies twojej mamy?

- Tak, to jest jej pies.

11

- Gdzie jest twój pokój?

- Mój pokój jest po prawej stronie. Jest czysty i jasny.

- Czyj pokój jest po lewej?

- To jest pokój mojej mamy. Jej pokój jest duży i ładny.

12

- Czy w czajniku jest woda?

- Tak, w czajniku jest trochę wody.

- Czy mogę napić się herbaty?

- Tak, oczywiście.

13

- Nasz kot wypił tylko trochę mleka.

- Myślę, że był chory.

14

- Czy w tym mieście jest dużo Włochów i Hiszpanów?

10

- Magst du Hunde?

- Nein, aber meine Mutter hat einen Hund.

- Gehört dieser Hund deiner Mutti?

- Ja, das ist ihr Hund.

11

- Wo ist dein Zimmer?

- Mein Zimmer ist rechts. Es ist sauber und hell.

- Wessen Zimmer ist links?

- Das ist das Zimmer meiner Mutter. Ihr Zimmer ist groß und schön.

12

- Gibt es Wasser im Teekessel?

- Ja, es gibt ein wenig Wasser im Teekessel.

- Kann ich etwas Tee trinken?

- Ja, natürlich.

13

- Unsere Katze hat nur ein wenig Milch getrunken.

- Ich denke dass sie krank war.

14

- Gibt es viele Italiener und Spanier in dieser Stadt?

- Ja, es gibt viele Touristen hier.

- Tak, tu jest dużo turystów.

- Nasze miasto jest piękne.

- Lubię tu mieszkać.

15

- Kto to jest?

- To mój przyjaciel Robert.

- On ma stare ubrania.

- Nie lubi robić zakupów.

16

- Czy ta kobieta mieszka w domu naprzeciwko?

- Tak, to nasza sąsiadka.

- Czy to jej motor tu stoi?

- Tak, to jest jej motor.

17

- W tym pokoju jest mało światła. Czy możesz zapalić światło?

- Tak, mogę.

18

- Czy dzisiaj na mieście jest dużo policjantów?

- Tak, dzisiaj jest mecz piłkarski.

- Może wybierzemy się na mecz?

- Tak, mamy dużo wolnego czasu.

- Unsere Stadt ist schön.

- Ich mag es, hier zu leben.

15

- Wer ist das?

- Das ist mein Freund, Robert.

- Er hat alte Kleidung.

- Er mag das Einkaufen nicht.

16

- Wohnt diese Frau in dem Haus gegenüber?

- Ja, sie ist unsere Nachbarin.

- Ist das ihr Motorrad?

- Ja, das ist ihr Motorrad.

17

- Es gibt wenig Licht in diesem Zimmer. Kannst du das Licht einschalten?

- Ja, ich kann.

18

- Gibt es heute viele Polizisten in der Stadt?

- Ja, heute gibt es ein Fußballspiel.

- Vielleicht können wir zum Fußballspiel gehen?

- Ja, ich habe viel Freizeit.

Die Audiodatei

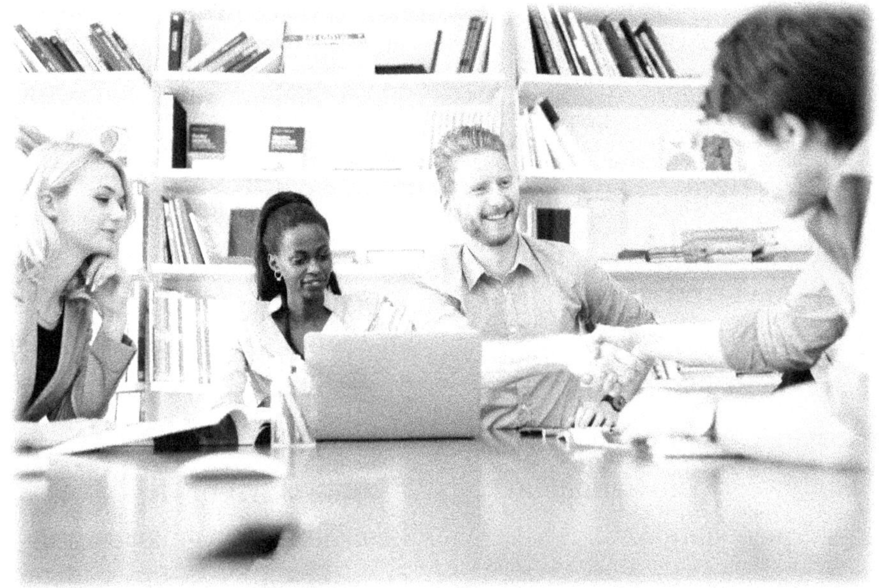

Jak masz na imię?

Wie heißt du?

Słówka

1. Angielka - die Engländerin
2. Anglia - Egland
3. autoserwis, serwis samochodowy - der Autoservice
4. bardzo - sehr
5. biuro - die Agentur, das Büro
6. cała - ganze
7. chłodno, zimno - kalt, kühl
8. ciastko, ciasteczko - der Keks, das Törtchen
9. cześć, hej - Tschüß, Hallo
10. często - oft
11. czterdzieści - vierzig
12. danie - die Speise, das Gericht
13. do, ku - bis, zu, nach
14. dwa - zwei
15. dwadzieścia - zwanzig
16. dwanaście - zwölf

17. dziecięcy - Kinder-
18. gość - der Gast
19. jak - wie
20. jakiś - irgendwelcher
21. jeden - ein
22. jeździć - fahren
23. kiedy - wann, als
24. klub - der Klub
25. kraj - das Land
26. lat - Jahre
27. lekarz - der Arzt
28. londyński - Londoner
29. łosoś - der Lachs
30. mechanik - der Mechaniker
31. narodowość - die Nationalität
32. narodowy - national
33. nas - uns
34. Neapol - Neapel
35. niedawno - letztens, kürzlich
36. niemiecki - deutsch
37. nieruchomość - die Immobilie, das Grundbesitz
38. ojciec - der Vater
39. osiem - acht
40. osiemnaście - achtzehn
41. piłka nożna - der Fußball
42. piłkarz - der Fußballspieler
43. pisarka - die Schriftstellerin
44. pizza - die Pizza
45. poczta - das Postamt
46. podróżować - reisen
47. poznać - kennenlernen
48. profesjonalny, zawodowy - professionell
49. remont - die Renovierung
50. rodzice - die Eltern
51. rodzina - die Familie
52. samochód, auto - das Auto, der Wagen
53. skąd - woher
54. sprzedawać - verkaufen
55. starszy - älter
56. szkoła - die Schule
57. trzydzieści - dreißig
58. uczyć się - lernen
59. uniwersytet - die Universität
60. urodzić się - geboren sein
61. wakacje - der Urlaub, die Ferien
62. Wielka Brytania - Großbritannien
63. Włochy - Italien
64. zawód - der Beruf, das Fach
65. zawsze - immer
66. znaczek pocztowy - die Briefmarke
67. znać - kennen
68. znakomity - herrlich
69. zwierzę - das Tier
70. żłobek - Kinderkrippe
71. życie - das Leben

Przełam lody
Brich das Eis

Na przyjęciu urodzinowym jest dużo małych dzieci. Wszystkie siedzą przy stole. Na stole jest duży tort. Na torcie są czekoladowe zwierzątka.

„Kto chce zebrę?" mama pyta dzieci.

„Daj mi zebrę proszę", mówi dziewczynka.

„Daj mi rybę proszę", mówi inna dziewczynka.

„Daj mi żyrafę proszę", mówi chłopiec.

„Daj mi łyżkę proszę", mówi inny chłopiec.

Es sind viele kleine Kinder bei einer Geburtstagsparty. Sie alle sitzen am Tisch. Ein großer Kuchen ist auf dem Tisch. Auf dem Kuchen sind Schokoladentiere.

„Wer will das Zebra?", fragt die Mutter die Kinder.

„Gib mir bitte das Zebra", sagt ein Mädchen.

„Gib mir bitte den Fisch", sagt ein weiteres Mädchen.

„Gib mir bitte die Giraffe", sagt ein Junge.

„Gib mir bitte einen Löffel", sagt ein weiterer Junge.

B

1

- Cześć.
- Cześć. Jak masz na imię?
- Mam na imię Frank. A ty jak

1

- Hallo.
- Hallo. Wie heißt du?
- Ich heiße Frank. Und wie heißt du?

masz na imię?

- Mam na imię Mario.

- Ile masz lat?

- Mam osiemnaście lat.

- Jakiej jesteś narodowości?

- Urodziłem się i mieszkam w Wielkiej Brytanii. Mój tata jest Hiszpanem. Moja mama jest Angielką. A ty skąd pochodzisz?

- Jestem Włochem. Mieszkam w Neapolu. Czy ty pracujesz czy studiujesz?

- Studiuję na Uniwersytecie Narodowym. A ty jaki masz zawód?

- Z zawodu jestem mechanikiem. Prowadzę własny serwis samochodowy we Włoszech.

- Podoba ci się Anglia?

- Lubię ten kraj, ale tu jest chłodno. Teraz dużo podróżuję. Czy lubisz podróżować?

- Lubię podróżować, ale mam teraz bardzo mało czasu.

- Czy mógłbyś mnie odwiedzić ze swoją rodziną?

- Nie mogę. Muszę się teraz dużo uczyć.

- Ich heiße Mario.

- Wie alt bist du?

- Ich bin achtzehn Jahre alt.

- Welcher Nationalität bist du?

- Ich bin in Großbritannien geboren und ich lebe dort. Mein Vater ist Spanier und meine Mutter Engländerin. Und woher bist du?

- Ich bin Italiener. Ich wohne in Neapel. Arbeitest du oder studierst?

- Ich studiere an der Nationalen Universität. Und was bist du von Beruf?

- Ich bin Mechaniker von Beruf. Ich habe einen eigenen Autoservice in Italien.

- Magst du England?

- Ich mag dieses Land, aber es ist kalt hier. Ich reise jetzt viel. Magst du reisen?

- Ich reise gern, aber jetzt habe ich sehr wenig Zeit.

- Könntest du mich mit deiner Familie besuchen?

- Ich kann nicht. Jetzt muss ich viel lernen.

2

- Czy zawsze mieszkałeś w tym domu?

- Tak, mieszkałam tu całe życie.

- Masz piękny dom!

- Tak, ostatnio zrobiliśmy remont.

- Macie dużo pięknych kwiatów w ogrodzie.

- Tak, moja mama lubi kwiaty.

3

- Może napijemy się herbaty?

- Tak, chodźmy do kuchni.

- Czy masz czarną herbatę?

- Tak, mamy czarną i zieloną herbatę.

- Jakie jedzenie lubisz?

- Lubię, kiedy moja mama robi dania z łososiem. Mama piecze też dobre ciasteczka.

- Ja bardzo lubię pizzę.

- Czy umiesz przyrządzić pizzę?

- Tak, umiem. Lubię gotować.

4

- Czy masz jakieś zwierzęta domowe?

- Tak, mam psa. Nazywa się Johnny.

- Ile ma lat?

- Ma sześć lat.

2

- Hast du immer in diesem Haus gewohnt?

- Ja, ich habe mein ganzes Leben lang hier gewohnt.

- Du hast ein schönes Haus!

- Ja, wir hatten kürzlich eine Renovierung.

- Du hast viele schönen Blumen im Garten.

- Ja, meine Mutter mag Blumen.

3

- Vielleicht trinken wir Tee?

- Ja, lass uns in die Küche gehen.

- Hast du schwarzen Tee?

- Ja, wir haben schwarzen und grünen Tee.

- Welches Essen magst du am besten?

- Ich mag es, wenn meine Mutter Speisen mit Lachs zubereitet. Sie macht auch gute Kekse.

- Ich esse Pizza wirklich gern.

- Kannst du Pizza machen?

- Ja, ich kann. Ich mag kochen.

4

- Hast du Haustiere?

- Ja, ich habe einen Hund. Er heißt Johnny.

- Wie alt ist er?

- Er ist sechs Jahre alt.

- Ich habe auch einen Hund in

- Ja też mam psa we Włoszech.

5

- Czy znasz dobrze niemiecki?

- Tak, mój ojciec mnie nauczył. Czy u was w rodzinie wszyscy mówią po niemiecku?

- Tak, wszyscy mówimy po niemiecku.

- Czy znasz jakiś inny język?

- Znam trochę francuski.

6

- Czy ta książka na stole jest twoja?

- Tak, to moja książka. To opowiadania detektywistyczne Agathy Christie. Lubisz tę pisarkę?

- Tak. Ona pisała znakomite powieści detektywistyczne.

- Czy lubisz czytać?

- Tak. Dużo czytam.

7

- Czy masz dużą rodzinę?

- Tak, mam dużą rodzinę. Mam ojca, matkę, dwóch braci i małą siostrzyczkę.

- Ile lat ma twoja siostra?

- Teraz ma rok.

- Jak się nazywa?

- Ma na imię Joe. Jeszcze nie umie chodzić.

Italien.

5

- Kennst du gut Deutsch?

- Ja, ich habe es mit meinem Vater gelernt. Spricht jeder Deutsch in deiner Familie?

- Ja, wir sprechen alle Deutsch.

- Kennst du auch eine andere Sprache?

- Ich kann ein bisschen Französisch sprechen.

6

- Gehört das Buch auf dem Tisch dir?

- Ja, das ist mein Buch. Das sind Detektiverzählungen von Agatha Christie. Magst du diese Autorin?

- Ja. Sie schreibt tolle Detektivromane.

- Liest du gerne?

- Ja. Ich lese sehr viel.

7

- Hast du eine große Familie?

- Ja, ich habe eine große Familie. Ich habe einen Vater, eine Mutter, zwei Brüder und eine kleine Schwester.

- Wie alt ist deine Schwester?

- Sie ist ein Jahr alt.

- Wie heißt sie?

- Sie heißt Joe. Sie kann noch nicht laufen.

- Gdzie jest teraz twoja siostra?
- Teraz jest w żłobku.
- Kim jest z zawodu twój ojciec?
- Mój tata jest lekarzem. Ale w tej chwili nie pracuje.
- Dlaczego?
- Jest na wakacjach.
- Gdzie pracuje twoja mama?
- Mama pracuje w biurze nieruchomości. Zajmuje się sprzedażą domów.
- Od jak dawna tam pracuje?
- Mama pracuje tam od ośmiu lat.
- Gdzie pracowała wcześniej?
- Wcześniej pracowała na poczcie.
- Czy twoja mama jest teraz w pracy?
- Nie, teraz jest w sklepie.
- Ile lat mają twoi rodzice?
- Mama ma trzydzieści osiem lat. Tata ma czterdzieści jeden lat.
- Czy na tym zdjęciu są twoi bracia?
- Tak.
- Jak się nazywają?
- To jest Philip. On ma dwanaście lat.
- Czy on się teraz uczy?
- Tak, chodzi do szkoły.

- Wo ist deine Schwester jetzt?
- Sie ist in der Kinderkrippe.
- Was ist dein Vater von Beruf?
- Mein Vater ist Arzt von Beruf. Aber jetzt arbeitet er nicht.
- Warum?
- Er macht jetzt Urlaub.
- Wo arbeitet deine Mutter?
- Meine Mutter arbeitet in einem Immobilienbüro. Sie verkauft Häuser.
- Wie lang arbeitet sie dort?
- Meine Mutter arbeitet dort seit acht Jahren.
- Wo arbeitete sie früher?
- Sie arbeitete in einem Postamt.
- Ist deine Mutter jetzt im Büro?
- Nein, sie ist im Geschäft.
- Wie alt sind deine Eltern?
- Meine Mutter ist achtunddreißig Jahre alt. Mein Vater ist einundvierzig.
- Sind es deine Brüder in diesem Bild?
- Ja.
- Wie heißen sie?
- Das ist Philip. Er ist zwölf Jahre alt.
- Lernt er in der Schule?
- Ja, er besucht die Schule.

- Czy dobrze się uczy?

- Tak, on się uczy dobrze.

- A to kto?

- To mój starszy brat John.

- Ile ma lat?

- Ma dwadzieścia lat.

- Czy on pracuje?

- Tak, jest zawodowym piłkarzem.

- Lubię piłkę nożną. W jakim klubie on gra?

- Gra w londyńskim klubie.

- Czy mógłbym go poznać?

- Tak, oczywiście.

8

- Czy macie samochód?

- Tak, mamy nowy samochód.

- Jaki samochód macie?

- Mamy BMW.

- Czy często nim jeździcie?

- Tak, mama często jeździ nim do pracy.

- Lernt er fleissig?

- Ja, er lernt fleissig.

- Und wer ist das?

- Das ist mein älterer Bruder John.

- Wie alt ist er?

- Er ist zwanzig Jahre alt.

- Arbeitet er?

- Ja, er ist ein professioneller Fußballspieler.

- Ich mag Fußball. In welchem Klub spielt er?

- Er spielt im Londoner Klub.

- Kann ich ihn kennenlernen?

- Ja, natürlich.

8

- Hast du ein Auto?

- Ja, wir haben ein neues Auto.

- Was für ein Auto habt ihr?

- Wir haben eine BMW.

- Fährt ihr oft Auto?

- Ja, meine Mutter fährt oft mit dem Auto zur Arbeit.

8

Die Audiodatei

Droga do uniwersytetu

Der Weg zur Universität

A

Słówka

1. bez - ohne
2. chleb - das Brot
3. ciąć - schneiden
4. cukier - der Zucker
5. czasami - manchmal
6. daleko - weit
7. dobry - gut
8. docierać - erreichen
9. dodawać - (hin)zufügen
10. dziesięć - zehn
11. dziewięć - neun
12. euro - Euro
13. godzina - die Stunde
14. jabłko - der Apfel
15. jeść śniadanie - frühstücken, Frühstück essen
16. jezioro - der See
17. już - schon
18. kanapka - das belegte Brot, die Schnitte
19. kawa - der Kaffee

20. kawałek, kawałeczek - ein Stückchen
21. każdy - jeder
22. kiełbasa - die Wurst
23. kino - das Kino
24. kłaść - legen
25. kosztować - kosten
26. który - welcher
27. ludzie - die Leute
28. metro - die U-Bahn
29. miejsce - der Ort, der Platz
30. między - zwischen
31. minibus, busik - der Minibus
32. minuta - die Minute
33. miód - der Honig
34. most - die Brücke
35. muzeum - das Museum
36. nalewać - (ein)giessen
37. nasypać - schütten
38. niedaleko - nicht weit
39. obciąć - abschneiden
40. obok - vorbei, neben
41. od początku - vom Anfang an
42. około - ungefähr
43. otwierać - öffnen, aufmachen
44. park - der Park
45. parzyć (herbatę) - (Tee) ziehen
46. pieszo - zu Fuß
47. płatki (śniadaniowe) - die Flocken
48. pogoda - der Wetter
49. potem - dann
50. potrzeba - nötig
51. przejazd - die Fahrt
52. przez - über, (z.B. eine Stunde) lang
53. przystanek - die Haltestelle
54. ptak - der Vogel
55. rano, ranek - der Morgen
56. rosnąć - wachsen
57. ser - der Käse
58. siadać - sich setzen
59. siedem - sieben
60. stać - stehen
61. stawiać - stellen
62. supermarket - der Supermarkt
63. tam - dort(hin)
64. toaleta, ubikacja - die Toilette
65. torba, torebka - die Tasche
66. trochę - einige
67. trolejbus - der Oberleitungsbus, der Obus
68. w środku, pośrodku - in der Mitte
69. wstawać - aufstehen
70. wszystko - alles
71. wśród - unter
72. wychodzić - (hin)ausgehen
73. z powrotem - zurück
74. zajmować (miejsce) - (Platz) nehmen
75. zapłacić - bezahlen
76. zbierać - sammeln
77. zbierać się - sich versammeln
78. zrobić - machen, schaffen
79. zwykle, zazwyczaj - normalerweise
80. żeby - so dass

Przełam lody
Brich das Eis

„Co oznacza ‘wątpię’?” pyta mamę mały chłopiec.

„To znaczy raczej nie niż tak. Ale w innych sytuacjach może oznaczać tak”, wyjaśnia synowi mama.

Później syn i mama jedzą zupę. Chłopiec siedzi i patrzy w okno.

„Dokończ proszę swoją zupę”, mówi do niego mama. Syn patrzy na mamę. Mama widzi, że on intensywnie myśli.

„Wątpię”, mówi w końcu.

„Was bedeutet ‘ich bezweifle es’?”, fragt ein kleiner Junge seine Mutter.

„Es bedeutet eher nein als ja. Aber es kann in anderen Situationen ja bedeuten“, erklärt die Mutter ihrem Sohn.

Später essen der Sohn und die Mutter etwas Suppe. Der Junge sitzt und schaut das Fenster an.

„Iss bitte deine Suppe auf“, sagt die Mutter zu ihm. Der Sohn sieht seine Mutter an. Die Mutter sieht, dass er scharf nachdenkt.

„Ich bezweifle es“, sagt er schließlich.

B

Wstaję o siódmej rano. Potem idę do łazienki. W łazience myję twarz i zęby. Zajmuje mi to

Ich stehe um sieben Uhr morgens auf. Dann gehe ich ins Badezimmer. Ich wasche mein Gesicht und putze die Zähne. Es

pięć minut. Czasami rano biorę też prysznic.

Potem idę do kuchni. Rano piję kawę. Nalewam wody do czajnika. Stawiam czajnik na kuchence. Nasypuję trochę kawy do kubka. Piję kawę bez cukru. Potem biorę miskę. Nasypuję do niej płatki śniadaniowe. Dolewam mleko. Dodaję kilka łyżek cukru lub miodu. Biorę jabłko i kroję kawałki do miski z płatkami. Mogę też zrobić sobie kanapkę. Kroję kawałek chleba i kładę na nim trochę kiełbasy i sera. Zajmuje mi to dwadzieścia minut.

Muszę jechać na uniwersytet. Idę do mojego pokoju. Zbieram książki i zeszyty do torby. Torba jest koło krzesła. Potem wychodzę z domu.

Na zewnątrz jest ładna pogoda. Idę ulicą. Żeby dostać się na uniwersytet, muszę pojechać trolejbusem numer siedem lub dziewięć. Mogę też pojechać tam minibusem numer siedem lub dziesięć. Do przystanku jest

dauert fünf Minuten. Manchmal dusche ich mich auch am Morgen.

Dann gehe ich in die Küche. Ich trinke Kaffee am Morgen. Ich gieße Wasser in den Kessel und stelle ihn auf den Herd. Ich koche etwas Kaffee. Ich gieße den Kaffee in eine Tasse ein. Ich trinke Kaffee ohne Zucker. Dann nehme ich eine Schüssel. Ich schütte Cerealien in die Schüssel. Ich gebe etwas Milch hinzu. Ich füge noch einige Löffel Zucker oder Honig hinzu. Ich nehme einen Apfel und schneide ihn in die Schüssel mit Cerealien. Ich kann auch ein belegtes Brot machen. Ich Schneide ein Stück Brot und lege etwas Wurst und Käse darauf. Es dauert zwanzig Minuten.

Ich muss zur Universität gehen. Ich gehe in mein Zimmer. Ich sammle Bücher und Hefte in einer Tasche. Ich gehe nach draußen.

Das Wetter draußen ist gut. Ich gehe der Straße entlang. Um die Universität zu erreichen, muss ich O-Bus Nummer Sieben oder Neun nehmen. Ich kann dort auch mit Minibus Nummer Sieben oder Zehn fahren. Es ist nicht weit zur Haltestelle. Es dauert ungefähr fünf Minuten. Ich stehe an der Haltestelle.

niedaleko. Droga zajmuje mi około pięciu minut. Stoję na przystanku. Jest tu dużo ludzi. Podjeżdża minibus numer siedem. Wsiadam do minibusu. Potem płacę za przejazd. Bilet kosztuje trzy euro. W minibusie jest wolne miejsce. Siadam na nim. Po pięciu przystankach wysiadam z minibusu. Docieram na uniwersytet. Zajmuje mi to około dwudziestu minut.

Wychodzę z uniwersytetu o trzeciej. Wracam do domu pieszo. Przechodzę koło sklepów. Idę między muzeum a teatrem. Potem przechodzę przez most. Most znajduje się nad jeziorem. Idę przez park. Idę wśród drzew w parku. Na drzewie siedzi duży ptak. Mijam samochód. Pod samochodem siedzi kot. Mijam supermarket. Mój dom jest niedaleko. Znajduje się za supermarketem. Docieram do domu. Koło mojego domu rośnie dużo kwiatów. Podchodzę do drzwi. Otwieram drzwi i wchodzę do środka.

Es gibt viele Leute an der Haltestelle. Minibus Nummer Sieben kommt. Ich steige ein. Dann bezahle ich. Die Fahrt kostet drei Euro. Es gibt einen leeren Platz im Minibus. Ich setze mich. Ich steige nach fünf Haltestellen aus. Ich komme zur Universität. Es dauert ungefähr zwanzig Minuten.

Ich verlasse die Universität um drei Uhr. Ich gehe zurück zu Fuß. Ich gehe an einigen Läden vorbei. Ich gehe zwischen einem Museum und einem Theater. Dann gehe ich über eine Brücke. Die Brücke liegt oberhalb eines Sees. Ich gehe durch einen Park. Ich gehe zwischen den Bäumen im Park. Ein großer Vogel sitzt auf einem Baum. Ich gehe an einem Auto vorbei. Eine Katze sitzt unter dem Auto. Ich gehe an einem Supermarkt vorbei. Mein Haus liegt nicht weit. Es liegt hinter dem Supermarkt. Ich gehe zu meinem Haus. Neben meinem Haus gibt es viele Blumen. Ich gehe zur Tür. Ich mach die Tür auf und gehe hinein.

C

Pytania i odpowiedzi

- O której godzinie wstajesz?
- Wstaję o siódmej rano.
- Czy myjesz rano zęby?
- Tak, zawsze myję zęby rano.
- Czy bierzesz rano prysznic?
- Czasami rano biorę prysznic.
- Czy pijesz rano kawę czy herbatę?
- Zwykle piję kawę.
- Czy pijesz kawę z cukrem?
- Nie, piję kawę bez cukru.
- Ile czasu zajmuje ci śniadanie?
- Zajmuje mi około dwudziestu minut.
- Czy jedziesz na uniwersytet metrem?
- Nie, zwykle dojeżdżam minibusem.
- Czy do przystanku jest daleko?
- Nie, przystanek jest niedaleko.
- Ile kosztuje przejazd?
- Przejazd kosztuje trzy euro.

Fragen und Antworten

- Wann stehst du auf?
- Ich stehe um sieben Uhr auf.
- Putzest du deine Zähne am Morgen?
- Ja, ich putze meine Zähne jeden Morgen.
- Duschst du dich am Morgen?
- Manchmal dusche ich mich am Morgen.
- Trinkst du Tee oder Kaffee am Morgen?
- In der Regel trinke ich Kaffee.
- Trinkst du Kaffee mit Zucker?
- Nein, ich trinke Kaffee ohne Zucker.
- Wie lange isst du das Frühstück?
- Es dauert zwanzig Minuten.
- Fährst du zur Universität mit der U-Bahn?
- Nein, in der Regel fahre ich mit dem Bus.
- Hast du einen langen Weg zur Haltestelle?
- Nein, die Haltestelle ist nicht weit.
- Wieviel kostet eine Fahrt?
- Die Fahrt kostet drei Euro.

- Ile przystanków mijasz po drodze?

- Wie viele Haltestellen gibt es an deinem Weg?

- Wysiadam na piątym przystanku.

- Ich steige an der fünften Haltestelle aus.

- Czy zajmuje ci to dużo czasu?

- Dauert die Fahrt es lange?

- Docieram na uniwersytet po około dwudziestu minutach.

- Ich bin an der Universität nach ungefähr zwanzig Minuten.

- Czy wracasz też do domu minibusem?

- Kommst du auch mit dem Bus zurück?

- Nie, wracam do domu pieszo.

- Nein, zurück gehe ich zu Fuß.

- Czy idziesz wzdłuż ulicy?

- Gehst du immer den Straßen entlang?

- Najpierw idę ulicą koło sklepów, a potem idę przez park.

- Zuerst gehe ich der Straße entlang neben den Haltestellen und dann gehe ich durch den Park.

- Gdzie jest twój dom?

- Wo ist dein Haus?

- Dom znajduje się za supermarketem.

- Es steht hinter dem Supermarkt.

- Czy koło twojego domu rosną kwiaty?

- Gibt es Blumen neben deinem Haus?

- Koło mojego domu jest dużo kwiatów.

- Ja, es gibt viele Blumen neben meinem Haus.

9

Die Audiodatei

Lubię chodzić do kina

Ich gehe gerne ins Kino

A

Słówka

1. autobus - der Bus
2. bilet - die Fahrkarte
3. brzeg - das Ufer
4. ciemno - dunkel
5. coś - etwas
6. dalej - weiter
7. deser - das Dessert, der Nachtisch
8. droga - der Weg
9. film - der Film
10. garnek - die Kasserolle, der (Koch)topf
11. gra - das Spiel
12. grzać - aufwärmen
13. hamburger - der Hamburger
14. jeść obiad - zu Mittag essen
15. kelner - der Kellner
16. komedia - die Komödie
17. kupować - kaufen
18. lody - das Eis
19. mikrofalówka - die Mikrowelle
20. milcząco, w ciszy, po cichu - schweigend
21. naprzeciw - entgegen
22. obiad - das Mittagsessen

23. omawiać, rozmawiać o czymś - besprechen
24. piątek - Freitag
25. piętnaście - fünfzehn
26. płacić - (be)zahlen
27. płakać - weinen
28. potem - dann
29. przyjaciółka - die Freundin
30. razem - zusammen, gemeinsam
31. rozgrzać się - sich erwärmen
32. rozmawiać - reden, sich unterhalten
33. rzeka - der Fluß
34. sięgnąć - bekommen, nach etwas greifen
35. słodki - süß
36. smaczny, pyszny - lecker
37. spacerować - spazieren gehen
38. spotkać - treffen
39. straszny, groźny - schrecklich, fürchterlich
40. sypać - schütten
41. szybko - schnell
42. śmiać się - lachen
43. śmieszny - lustig
44. trzynaście - dreizehn
45. ubierać się - sich ankleiden
46. wrzeć - (über)kochen, sieden
47. zaczynać - anfangen, beginnen
48. zamawiać - bestellen
49. zupa - die Suppe
50. żegnać się - sich verabschieden

Przełam lody
Brich das Eis

Tata wraz ze swoim małym synkiem wracają ze spaceru do domu. Mama wchodzi do pokoju i widzi, że synek stoi, ogląda

Ein Vater und sein kleiner Sohn kommen von einem Spaziergang nach Hause. Die Mutter kommt in das Zimmer und sieht, dass der Sohn dort

telewizję z podniesionymi rękami.

„Dlaczego trzymasz ręce w górze?" pyta go.

„To przez tatę", odpowiada.

Do pokoju wchodzi tata.

„Zdjąłem z niego sweter", wyjaśnia, „Kochany opuść ręce i zajmij miejsce na kanapie, proszę".

steht, fernsehend, mit seinen Händen oben.

„Warum sind deine Hände oben?", fragt sie ihn.

„Es ist wegen Papa", antwortet er.

Der Vater kommt ins Zimmer.

„Ich habe ihm den Pullover ausgezogen", erklärt er, „Schatz, nimm deine Hände runter und setz dich aufs Sofa, bitte."

B

Zwykle wracam do domu o trzeciej. Idę do mojego pokoju. Stawiam torbę na stole.

Idę do ubikacji. Potem idę do łazienki. Myję ręce i twarz. Czasami biorę prysznic. Potem jem obiad. Zwykle jem na obiad zupę. Wyjmuję garnek zupy z lodówki. Stawiam garnek na kuchence. Kiedy zupa jest gorąca, nalewam ją sobie do miski. Biorę łyżkę i jem zupę. Do zupy jem też chleb. Podchodzę do szafki kuchennej. Biorę nóż z szafki. Kroję sobie kilka kromek chleba. Czasami jem pizzę. Moja mama piecze dobrą pizzę. Odkrawam sobie

In der Regel komme ich nach Hause um drei Uhr. Ich gehe in mein Zimmer. Ich stelle meine Tasche auf den Tisch.

Ich gehe in die Toilette. Dann gehe ich ins Badezimmer. Ich wasche meine Hände und mein Gesicht. Manchmal nehme ich auch eine Dusche. Dann esse ich zu Mittag. In der Regel esse ich zu Mittag eine Suppe. Ich nehme einen Topf Suppe aus dem Kühlschrank. Ich stelle den Topf auf den Herd. Wenn die Suppe schon heiß ist, gieße ich sie in eine Schüssel für mich. Ich nehme einen Löffel und esse die Suppe. Ich esse auch Brot mit der Suppe. Ich gehe zum Küchenschrank. Ich nehme eine Messer aus dem

kawałek pizzy. Potem podgrzewam go w mikrofalówce. Po obiedzie jem coś słodkiego. Jem ciasto. Ciasto jest pyszne. Do ciasta piję herbatę. Stawiam czajnik na kuchence. Woda wrze. Parzę sobie czarną herbatę. Nalewam herbaty do kubka i sypię dwie łyżeczki cukru. Mój kot też przychodzi na obiad. Nalewam mu trochę mleka. Po obiedzie idę grać na komputerze. Komputer jest w moim pokoju. Mam dużo gier komputerowych. Gram na komputerze przez godzinę.

Lubię chodzić do kina. W każdy piątek chodzę z przyjaciółmi do kina. Dzisiaj też idziemy. Film zaczyna się za dwie godziny. Idę do łazienki i biorę prysznic. Potem idę do pokoju. Ubieram się i wychodzę do kina. Wychodzę z domu. Koło naszego domu stoi czerwony samochód. To samochód mojej mamy. Idę ulicą. Mijam supermarket. Docieram do przystanku. Przystanek jest naprawdę

Küchenschrank. Ich schneide einige Scheiben Brot. Manchmal esse ich Pizza. Meine Mutter macht eine gute Pizza. Ich schneide ein Stück Pizza ab. Dann wärme ich es in der Mikrowelle auf. Nach dem Mittagsessen esse ich noch etwas Süßes. Ich esse einen Kuchen. Das Kuchen ist lecker. Ich trinke auch Tee zum Kuchen. Ich stelle den Kessel auf dem Herd. Das Wasser kocht. Ich koche schwarzen Tee für mich. Ich schütte etwas Tee und zwei Löffel Zucker in die Tasse. Meine Katze kommt auch zum Mittagsessen. Ich gebe ihr etwas Milch. Nach dem Mittagsessen gehe ich mit dem Computer spielen. Der Computer ist in meinem Zimmer. Ich habe viele Computerspiele. Ich spiele ungefähr eine Stunde lang.

Ich gehe gerne ins Kino. Ich gehe mit meinen Freunden ins Kino jeden Freitag. Heute gehen wir auch. Der Film fängt in zwei Stunden an. Ich gehe ins Badezimmer, um eine Dusche zu nehmen. Dann gehe ich in mein Zimmer. Ich kleide mich an und gehe ins Kino. Ich verlasse das Haus. Es gibt ein rotes Auto neben dem Haus. Das ist das Auto meiner Mutter. Ich gehe der Straße entlang. Ich gehe an dem

blisko. Stoję na przystanku. Żeby dotrzeć do kina, potrzebuję autobusu numer trzynaście. Czekam przez pięć minut. Podjeżdża autobus numer trzynaście. Wsiadam do autobusu. Płacę za bilet. W autobusie jest dużo wolnych miejsc. Siadam przy oknie. Po trzech przystankach wysiadam. Jazda zajmuje mi około piętnastu minut. Idę przez park. Droga do kina zajmuje mi dziesięć minut. Po drodze spotykam moich przyjaciół Toma i Sarę.

Wchodzimy do kina. Kupuję bilety na bardzo śmieszną komedię. Wchodzimy do sali i siadamy na miejscach. W sali jest dużo ludzi. Przez cały czas się śmiejemy. Po filmie Tom, Sara i ja idziemy do kawiarni. Przechodzimy przez jezdnię. W naszą stronę idzie mężczyzna z psem. Pies jest wielki i groźny. Szybko go mijamy. Przechodzimy koło muzeum. Potem przechodzimy przez most. Most znajduje się nad rzeką. Widzimy kawiarnię nad

Supermarkt vorbei. Ich komme zur Haltestelle. Ich warte an der Haltestelle. Um ins Kino zu fahren, brauche ich Bus Nummer Dreizehn. Ich warte auf den Bus fünf Minuten lang. Bus Nummer Dreizehn kommt. Ich steige ein. Ich zahle für die Fahrkarte. Es gibt viele leere Plätze im Bus. Ich setze mich an das Fenster. Nach drei Haltestellen steige ich aus. Die Fahrt dauert ungefähr fünf Minuten. Ich gehe durch den Park. Es dauert zehn Minuten, das Kino zu erreichen. Auf dem Weg treffe ich meine Freunde, Tom und Sarah.

Wir gehen ins Kino hinein. Ich kaufe Karten für eine sehr lustige Komödie. Wir gehen in den Saal und setzen uns auf unsere Plätze. Im Saal gibt es viele Leute. Wir lachen die ganze Zeit. Nach dem Film gehe ich mit Tom und Sarah in ein Café. Wir überqueren die Straße. Ein Mann mit einem Hund geht in unsere Richtung. Der Hund ist groß und fürchterlich. Wir gehen schnell weiter. Dann gehen wir an einem Museum vorbei. Dann gehen wir über die Brücke. Die Brücke befindet sich über dem Fluss. Wir sehen das Café neben dem Fluss. Es gibt nicht viele Leute im Café. Ein Kellner kommt zu uns. Sarah bestellt

rzeką. W kawiarni nie ma dużo ludzi. Podchodzi do nas kelner. Sara zamawia lody. Tom i ja zamawiamy po hamburgerze. Rozmawiamy o filmie i śmiejemy się. Na zewnątrz jest już ciemno. Będziemy iść do domu. Żegnamy się. Sara i Tom mieszkają blisko. Idą do domu pieszo. Ja idę na przystanek.

Eis. Tom und ich bestellen beide je einen Hamburger. Wir reden über den Film und lachen. Draußen ist es schon dunkel. Wir verlassen das Café. Wir müssen nach Hause gehen. Wir verabschieden uns. Sarah und Tom wohnen in der Nähe. Die gehen zu Fuß nach Hause. Ich gehe zur Bushaltestelle.

C

Pytania i odpowiedzi

- O której godzinie wracasz z uniwersytetu?
- Wracam do domu o trzeciej.
- Czy po powrocie bierzesz prysznic?
- Czasami biorę prysznic.
- Co robisz potem?
- Potem jem obiad.
- Co jesz na obiad?
- Zwykle jem zupę albo pizzę.
- Czy sam robisz sobie jedzenie?
- Nie, mama robi je dla mnie.
- Czy po obiedzie pijesz herbatę?
- Tak, piję herbatę do ciasta.
- Jaką herbatę pijesz?
- Parzę sobie czarną herbatę.
- Ile cukru dodajesz do herbaty?
- Dodaję dwie łyżeczki cukru.

Fragen und Antworten

- Wann kommst du von der Universität zurück?
- Ich komme um drei Uhr nach Hause.
- Nimmst du eine Dusche, als du nach Hause kommst?
- Manchmal nehme ich eine Dusche.
- Was machst du später?
- Ich esse zu Mittag.
- Was isst du zu Mittag?
- In der Regel esse ich Suppe oder Pizza.
- Kochst du das Essen selbst?
- Nein, meine Mutter kocht es für mich.
- Trinkst du Tee nach dem Mittagsessen?
- Ja, ich trinke Tee zum Kuchen.
- Welchen Art Tee trinkst du?

- Co robisz potem?
- Potem gram na komputerze.
- Czy lubisz chodzić do kina?
- Tak, uwielbiam chodzić do kina.
- Czy chodzisz do kina sam?
- Nie, chodzę z przyjaciółmi.
- Czy często chodzisz do kina?
- Chodzę do kina w każdy piątek.
- Jakim autobusem jedziesz do kina?
- Jadę do kina autobusem numer trzynaście.
- Po ilu przystankach wysiadasz z autobusu?
- Wysiadam z autobusu po trzech przystankach.
- Ile trwa jazda autobusem?
- Zajmuje mi to około piętnastu minut.
- Jak długo idziesz przez park do kina?
- Idę przez park do kina przez około dziesięć minut.
- Kogo spotykasz po drodze?
- Po drodze spotykam moich przyjaciół, Toma i Sarę.
- Kto kupuje bilety?
- Ja kupuję bilety.
- Czy kupujesz bilety na komedię czy na film kryminalny?
- Kupuję bilety na bardzo

- Ich mache schwarzen Tee für mich.
- Wieviel Zucker gibst du zum Tee?
- Ich gebe zwei Löffel Zucker.
- Was machst du später?
- Ich spiele mit dem Computer.
- Gehst du gerne ins Kino?
- Ja, ich gehe sehr gerne ins Kino.
- Gehst zu allein ins Kino?
- Nein, ich gehe mit meinen Freunden.
- Gehst du oft ins Kino?
- Ich gehe ins Kino jeden Freitag.
- Mit welchem Bus fährst du ins Kino?
- Ich fahre mit dem Bus Nummer Dreizehn.
- Nach wie vielen Haltestellen steigst du aus?
- Ich steige nach drei Haltestellen aus.
- Wie lang fährst du mit dem Bus?
- Es dauert ungefähr fünfzehn Minuten.
- Wie lange gehst du durch den Park zum Kino?
- Ich gehe durch den Park ungefähr zehn Minuten lang.
- Wen triffst du auf dem Weg?
- Ich treffe meine Freunde, Tom und Sarah.
- Wer kauft die Karten?
- Ich kaufe die Karten.
- Kaufst du Karten für eine Komödie oder für einen Kriminalfilm?
- Ich kaufe Karten für eine sehr

śmieszną komedię.

- Czy w sali jest dużo ludzi?

- W sali jest dużo ludzi.

- Czy podczas filmu śmiejecie się czy płaczecie?

- Przez cały czas się śmiejemy.

- Czy po filmie idziesz do domu?

- Czasami spaceruję albo idę do kawiarni.

- Z kim idziesz do kawiarni po filmie?

- Po filmie idę do kawiarni z Tomem i Sarą.

- Kto idzie w waszą stronę?

- W naszą stronę idzie mężczyzna z psem.

- Gdzie jest kawiarnia?

- Kawiarnia znajduje się nad brzegiem rzeki.

- Co zamawiacie?

- Sara zamawia lody. Tom i ja zamawiamy po hamburgerze.

- Czy jecie w ciszy czy rozmawiacie?

- Rozmawiamy o filmie i śmiejemy się.

- Czy po kawiarni idziecie razem do domu?

- Sara i Tom idą do domu pieszo. Ja idę na przystanek autobusowy.

lustige Komödie.

- Gibt es viele Leute im Saal?

- Es gibt viele Leute im Saal.

- Lacht ihr oder weint während des Filmes?

- Wir lachen die ganze Zeit.

- Gehst du nach Hause nach dem Film?

- Manchmal spaziere ich oder gehe in ein Café.

- Mit wem gehst du nach dem Film ins Café?

- Nach dem Film gehe ich mit Tom und Sarah ins Café.

- Wer geht in eure Richtung?

- Ein Mann mit einem Hund kommt in unsere Richtung.

- Wo ist das Café?

- Das Café liegt auf dem Ufer des Flusses.

- Was bestellt ihr?

- Sarah bestellt Eis und Tom und ich bestellen je einen Hamburger.

- Esst ihr in Stille oder redet ihr?

- Wir reden über den Film und lachen.

- Geht ihr danach gemeinsam nach Hause?

- Sarah und Tom gehen zu Fuß nach Hause. Ich gehe zur Haltestelle.

10

Die Audiodatei

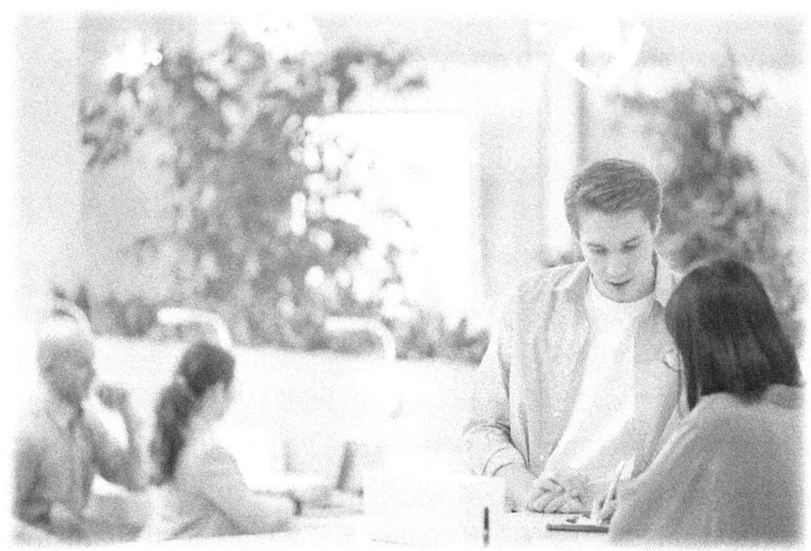

Jack chce zostać prawnikiem

Jack will Rechtsanwalt werden

A

Słówka

1. alkoholowy - Alkohol-
2. autostrada - die Autobahn
3. bagaż - das Gepäck
4. bankowy - Bank-
5. bar - die Bar, die Gaststätte
6. centrum - das Zentrum
7. dać, dawać - geben
8. dane - die Angaben
9. dlaczego - warum
10. dokąd - wohin
11. dostać - bekommen
12. duży pokój - das Wohnzimmer
13. dworzec - die Station, der Bahnhof
14. działka, parcela - die Parzelle
15. fontanna - der Springbrunnen, die Fontäne
16. fotografować, robić zdjęcia - fotografieren
17. gotówka - das Bargeld
18. hotel - das Hotel
19. informacja - die Auskunft

20. jednoosobowy, pojedynczy - Einpersonen-
21. kasjer - der Kassierer
22. kiedyś - irgendwann
23. kierowca - der Fahrer
24. klucz - der Schlüssel
25. kontynuować - weitermachen
26. korek - der Stau
27. kupić - kaufen
28. lecieć - fliegen
29. lot - der Flug
30. lotnisko - der Flughafen
31. mapa - die (Land)karte
32. mieszkanie - de Wohnung
33. napój - das Getränk
34. niedługo - bald
35. niedrogi - nicht teuer, preisgünstig
36. nieduży - nicht groß
37. nigdy - nie(mals)
38. odmawiać - absagen
39. opowiedzieć - sagen
40. osiemset - achthundert
41. palić się, płonąć - brennen
42. paszport - der Pass
43. pieniądze - das Geld
44. plac - der Platz
45. pokazać - zeigen
46. policjant - der Polizist
47. połowa - die Hälfte
48. pomnik - das Denkmal
49. potrzebny, niezbędny - nötig, notwendig
50. prawnik - der (Rechts)anwalt
51. prosić - bitten
52. prowadzić - führen, leiten
53. przedmieście - der Vorort, die Vorstadt
54. pytać - fragen
55. restauracja - das Restaurant
56. robotnik, pracownik - der Arbeiter
57. rzecz, przedmiot - das Ding
58. samolot - das Flugzeug
59. sklep spożywczy - das Lebensmittelgeschäft
60. smaczny - lecker
61. sypialny - Schlaf-
62. światła drogowe - die Ampel
63. taksówka - das Taxi
64. transport - der Transport, der Verkehr
65. wagon - der Wagen
66. wokół, dookoła - (rund) um
67. wołać - rufen
68. wstawać - aufstehen
69. wyglądać - aussehen
70. wyjeżdżać - ausfahren
71. wyjście - der Ausgang
72. zabierać - (weg)nehmen
73. zanosić, przynosić - hinbringen
74. zgadzać się - zustimmen

Przełam lody
Brich das Eis

Dzwoni telefon. Mama odbiera telefon. Dzwoni jej syn.

„Mamo wyjrzyj przez okno!" mówi jej syn, „Czy widzisz kogoś w brudnych spodniach biegającego po kałużach? To ja! Już dwa razy się przewróciłem!"

Das Telefon klingelt. Die Mutter geht ans Telefon. Ihr Sohn ruft an.

„Mama! Schau aus dem Fenster!", sagt ihr Sohn, „Kannst du jemanden in schmutzigen Hosen auf Pfützen rennen sehen? Das bin ich! Ich bin schon zweimal gefallen!"

B

Dzisiaj przyjeżdża mój przyjaciel Jack. Ma przylecieć samolotem. Będzie na lotnisku o dziewiątej rano. Mam go tam spotkać. Wstaję, ubieram się. Potem idę do kuchni, żeby zjeść śniadanie. Dzwonię po taksówkę.

Heute kommt mein Freund Jack. Er soll mit dem Flugzeug kommen. Er soll um neun Uhr morgens auf dem Flughafen sein. Ich muss ihn dort treffen. Ich stehe auf, kleide mich an. Dann gehe ich in die Küche, um das Frühstück zu essen. Ich rufe

Taksówka przyjeżdża po piętnastu minutach. Wsiadam do samochodu. Jadę na lotnisko taksówką. Lotnisko leży na przedmieściu. Jedziemy przez miasto. W mieście są korki drogowe. Jazda zajmuje dużo czasu. Potem wyjeżdżamy z miasta. Taksówka jedzie autostradą. Dojazd na lotnisko zajmuje godzinę. Dojeżdżamy do lotniska. Płacę taksówkarzowi za przejazd. Jest wpół do dziewiątej. Jack ma przylecieć lotem numer osiemset piętnaście. Pytam w punkcie informacyjnym gdzie jest wyjście dla lotu osiemset piętnaście. Czekam na samolot Jacka. Samolot ląduje. Widzę Jacka. Zbieramy jego bagaż. Wsiadamy do taksówki koło lotniska. Potem jedziemy do hotelu. Jack będzie mieszkał w hotelu. Jack nie ma dużo pieniędzy. Znam dobry i niedrogi hotel. Znajduje się on blisko mojego domu. Jack idzie do hotelu. Podchodzi do pracowników. Jack chce zarezerwować pokój jednoosobowy. Pracownik hotelu prosi Jacka o paszport. Jack

ein Taxi. Das Taxi kommt in fünfzehn Minuten. Ich steige ein. Ich fahre zum Flughafen mit dem Taxi. Der Flughafen befindet sich im Vorort. Ich fahre durch die Stadt. In der Stadt gibt es Stau. Es dauert lang, durch die Stadt zu fahren. Dann verlasse ich die Stadt. Das Taxi fährt auf der Autobahn. Es dauert eine Stunde, den Flughafen zu erreichen. Ich fahre bis zum Flughafen. Dann bezahle ich dem Taxifahrer die Fahrt. Es ist acht Uhr dreißig. Jack kommt mit dem Flug Nummer Achthundertfünfzehn. Ich frage im Auskunftspunkt, wo der Ausgang für den Flug Achthundertfünfzehn ist. Ich warte auf Jacks Flugzeug. Das Flugzeug landet. Ich sehe Jack. Wir sammeln sein Gepäck ein. Neben dem Flughafen nehmen wir ein Taxi. Dann fahren wir ins Hotel. Jack wird im Hotel wohnen. Jack hat nicht so viel Geld. Ich kenne ein gutes und billiges Hotel. Es liegt in der Nähe meines Hauses. Wir fahren bis zum Hotel. Jack geht in die Richtung des Hotels. Er geht zur Rezeption. Jack will ein Einzelzimmer. Ein Hotelangestellte bittet Jack um seinen Pass. Der Hotelangestellte gibt seine Angaben in einen

podaje swój paszport. Recepcjonista wprowadza jego dane do komputera. Jack płaci za pokój kartą kredytową. Pracownik hotelu prowadzi Jacka do jego pokoju i daje mu klucze. Pokój jest mały, ale przytulny. Składa się z kuchni, łazienki, dużego pokoju i sypialni.

Jack przyjechał do miasta, żeby studiować na uniwersytecie. Chce zostać prawnikiem. Jack prosi, żebym pokazał mu miasto. Zgadzam się. Wychodzimy na ulicę. Pogoda jest ładna. Idziemy na stację metra. Jack jeszcze nigdy nie jechał metrem. Bilet do metra kosztuje dwa euro. Wsiadamy do wagonu. Jedziemy do centrum. Jazda zajmuje nam dwadzieścia pięć minut. W centrum miasta jest duży plac i pomnik. Pomnik jest duży i piękny. Wokół pomnika jest dużo ludzi. Robią zdjęcia. Jest tam też duża fontanna. Koło fontanny siedzi dużo ludzi. Idziemy dalej. Pokazuję Jackowi sklepy. Można tam kupić wszystkie potrzebne rzeczy. Są tu sklepy spożywcze, odzieżowe i inne. Potem

Computer ein. Jack zählt für sein Zimmer mit der Kreditkarte. Ein Hotelangestellter führt Jack zu seinem Zimmer und gibt ihm die Schlüssel. Sein Zimmer ist klein, aber gemütlich. Es gibt dort eine Küche, ein Bad, ein Wohnzimmer und ein Schlafzimmer.

Jack kam in die Stadt, um an der Universität zu studieren. Er will Rechtsanwalt werden. Jack bittet mich, ihm die Stadt zu zeigen. Ich stimme zu. Wir gehen auf die Straße. Das Wetter draußen ist gut. Wir gehen zur U-Bahn-Station. Jack ist noch nie mit der U-Bahn gefahren. Die Fahrkarte kostet zwei Euro. Wir steigen in den U-Bahn-Wagen ein. Wir fahren ins Zentrum. Die Fahrt dauert fünfundzwanzig Minuten. Im Stadtzentrum gibt es einen großen Platz und ein Denkmal. Das Denkmal ist groß und schön. Es gibt viele Leute rund um das Denkmal. Sie machen Fotos. Es gibt auch einen großen Springbrunnen. Viele Leute sitzen neben dem Springbrunnen. Wir gehen weiter. Ich zeige Jack Geschäfte. Dort kann man alles kaufen, was man braucht. Es gibt Lebensmittelgeschäfte,

prowadzę Jacka na jego uniwersytet. Mijamy komisariat policji. Musimy przejść przez jezdnię. Pali się czerwone światło. Musimy poczekać. Zapala się zielone światło. Przechodzimy przez jezdnię. Po drodze pokazuję Jackowi kawiarnie i restauracje, w których można dobrze zjeść. Mijamy bar. W barze jest dużo napojów alkoholowych.

Kleidergeschäfte und andere Geschäfte. Dann führe ich Jack zur Universität. Wir gehen an dem Polizeirevier vorbei. Wir müssen über die Straße gehen Die Ampel ist rot. Wir warten. Die Ampel wird grün. Wir gehen über die Straße. Auf dem Weg zeige ich Jack Cafés und Restaurants, in denen man gut essen kann. Wir gehen neben einer Bar. Es gibt viele Alkoholgetränke in der Bar.

 C

Pytania i odpowiedzi

- Kto dzisiaj przyjeżdża?
- Dzisiaj przyjeżdża mój przyjaciel Jack.
- Jakim środkiem transportu on przyjeżdża?
- On ma przylecieć samolotem.
- O której godzinie przylatuje?
- Ma być na lotnisku o dziewiątej rano.
- Czy zamierasz go spotkać?
- Tak, muszę go spotkać.
- Dokąd idziesz na śniadanie?
- Idę na śniadanie do kuchni.
- Czy pojedziesz na lotnisko

Fragen und Antworten

- Wer kommt heute?
- Mein Freund Jack kommt heute.
- Mit welcher Art Transport soll er kommen?
- Er soll mit dem Flugzeug kommen.
- Wann kommt er?
- Er soll um neun Uhr morgens auf dem Flughafen sein.
- Triffst du ihn dort?
- Ja, ich muss ihn treffen.
- Wohin gehst du, um zu frühstücken?
- Ich gehe in die Küche, um dort

autobusem, czy zadzwonisz po taksówkę?

- Zadzwonię po taksówkę.

- Jak szybko przyjeżdża taksówka?

- Taksówka przyjeżdża po piętnastu minutach.

- Gdzie jest lotnisko?

- Lotnisko znajduje się na przedmieściu.

- Czy w mieście są korki drogowe?

- Tak, w mieście są korki.

- Jak dużo czasu zajmuje dojazd na lotnisko?

- Dojazd na lotnisko zajmuje godzinę.

- Którym lotem przylatuje Jack?

- Jack przylatuje lotem numer osiemset piętnaście.

- O co pytasz w punkcie informacyjnym?

- Pytam, gdzie jest wyjście dla lotu osiemset piętnaście.

- Co robisz na lotnisku?

- Czekam na samolot Jacka.

- Czy ty i Jack idziecie do kawiarni?

- Nie, zbieramy jego bagaż.

Frühstück zu essen.

- Fährst du zum Flughafen mit dem Bus oder wirst du ein Taxi rufen?

- Ich rufe ein Taxi.

- Wie schnell kommt das Taxi?

- Das Taxi kommt in fünfzehn Minuten.

- Wo ist der Flughafen?

- Der Flughafen befindet sich im Vorort.

- Gibt es Stau in der Stadt?

- Ja, es gibt Stau in der Stadt.

- Wie lange dauert es, zum Flughafen zu fahren?

- Es dauert eine Stunde, zum Flughafen zu fahren.

- Mit welchem Flug kommt Jack?

- Jack kommt mit dem Flug Nummer Achthundertfünfzehn.

- Was fragst du am Auskunftspunkt?

- Ich frage, wo sich der Ausgang für Flug Achthundertfünfzehn befindet.

- Was machst du auf dem Flughafen?

- Ich warte auf Jacks Flugzeug.

- Gehst du mit Jack zum Café?

- Nein, wir sammeln sein Gepäck ein.

- Czy idziecie na przystanek autobusowy?

- Nie, wsiadamy do taksówki koło lotniska.

- Dokąd jedziecie?

- Jedziemy do hotelu.

- Czy Jack będzie mieszkał w hotelu, czy w mieszkaniu?

- Jack będzie mieszkał w hotelu.

- Czy Jack ma dużo pieniędzy?

- Nie, Jack nie ma dużo pieniędzy.

- Czy pomożesz Jackowi znaleźć niedrogi hotel?

- Tak, znam dobry i niedrogi hotel.

- Czy powiesz, gdzie on się znajduje?

- Jest blisko mojego domu.

- Czy jedziecie do twojego domu, czy do hotelu?

- Jedziemy do hotelu.

- Dokąd idzie Jack?

- Jack wchodzi do hotelu.

- Do kogo podchodzi?

- Podchodzi do pracownika hotelu.

- Jakiego pokoju szuka Jack?

- Jack chce wynająć pokój jednoosobowy.

- Geht ihr zur Bushaltestelle?

- Nein, wir gehen zum Taxi neben dem Flughafen.

- Wohin fahrt ihr?

- Wir fahren ins Hotel.

- Wird Jack in einem Hotel oder in einer Wohnung wohnen?

- Jack wird im Hotel wohnen.

- Hat Jack viel Geld?

- Nein, Jack hat nicht so viel Geld.

- Hilfst du Jack, ein billiges Hotel zu finden?

- Ja, ich kenne ein gutes und billiges Hotel.

- Kannst du sagen, wo es ist?

- Es ist in der Nähe meines Hauses.

- Fahrt ihr zu deinem Haus oder ins Hotel?

- Wir fahren zum Hotel.

- Wohin geht Jack?

- Jack geht in das Hotel hinein.

- Wem nähert sich Jack?

- Jack nähert sich an einen Hotelangestellten.

- Was für ein Zimmer will Jack?

- Jack will ein Einzelzimmer.

- Was fragt der Hotelangestellte

- O co prosi Jacka pracownik hotelu?

- Pracownik hotelu prosi, żeby Jack podał mu swój paszport.

- Czy Jack daje mu swój paszport?

- Tak, Jack daje swój paszport.

- Kto wprowadza jego dane do komputera?

- Recepcjonista wprowadza jego dane do komputera.

- Czy Jack płaci za pokój gotówką?

- Nie, Jack płaci za pokój kartą kredytową.

- Czy Jack dostaje klucze od recepcjonisty i idzie do pokoju?

- Nie, pracownik hotelu prowadzi Jacka do jego pokoju i daje mu klucze.

- Czy pokój jest duży czy mały?

- Pokój jest mały, ale przytulny.

- Czy w pokoju jest kuchnia?

- Tak, jest tam kuchnia, łazienka, duży pokój i sypialnia.

- Dlaczego Jack przyjechał do miasta?

- Jack przyjechał do miasta, żeby studiować na uniwersytecie.

- Kim chce zostać?

Jack?

- Der Angestellte bittet Jack, ihm seinen Pass zu geben.

- Gibt ihm Jack seinen Pass?

- Ja, Jack gibt ihm seinen Pass.

- Wer gibt seine Angaben in den Computer ein?

- Der Hotelangestellte gibt seine Angaben in den Computer ein.

- Zählt Jack für das Zimmer mit dem Bargeld?

- Nein, Jack zählt für das Zimmer mit der Kreditkarte.

- Bekommt Jack seine Schlüssel vom Hotelangestellten und geht er dann ins Zimmer?

- Nein, der Hotelangestellte führt Jack zu seinem Zimmer und gibt ihm die Schlüssel.

- Ist sein Zimmer groß oder klein?

- Sein Zimmer ist klein aber gemütlich.

- Gibt es eine Küche in seinem Zimmer?

- Ja, es gibt eine Küche, ein Bad, ein Wohnzimmer und ein Schlafzimmer.

- Warum kommt Jack in die Stadt?

- Jack kommt in die Stadt, um an der Universität zu studieren.

- Chce zostać prawnikiem.

- O co Jack cię prosi?

- Jack prosi, żebym pokazał mu miasto.

- Zgadzasz się czy odmawiasz?

- Zgadzam się.

- Dokąd idziecie?

- Wychodzimy na zewnątrz.

- Jaka jest pogoda na zewnątrz?

- Na zewnątrz jest ładna pogoda.

- Dokąd idziecie?

- Idziemy na stację metra.

- Czy Jack jechał już metrem?

- Jack jeszcze nigdy nie jechał metrem.

- Ile kosztuje bilet?

- Bilet kosztuje dwa euro.

- Dokąd jedziecie?

- Jedziemy do centrum miasta.

- Ile trwa jazda?

- Jazda trwa dwadzieścia pięć minut.

- Co jest w centrum miasta?

- W centrum miasta jest duży plac i pomnik.

- Jaki jest ten pomnik?

- Pomnik jest duży i piękny.

- Jak dużo ludzi jest wokół

- Wer will er werden?

- Er will Rechtsanwalt werden.

- Worum bittet dich Jack?

- Jack bittet mich, ihm die Stadt zu zeigen.

- Stimmst du zu oder verweigerst du es?

- Ich stimme zu.

- Wohin geht ihr?

- Wir gehen nach draußen.

- Wie ist das Wetter draußen?

- Draußen ist das Wetter gut.

- Wohin geht ihr?

- Wir gehen zur U-Bahn-Station.

- Ist Jack schon mit der U-Bahn gefahren?

- Jack ist noch nie mit der U-Bahn gefahren.

- Wieviel kostet die Fahrkarte?

- Die Fahrkarte kostet zwei Euro.

- Wohin fahrt ihr?

- Wir fahren ins Zentrum.

- Wie lange dauert die Fahrt?

- Die Fahrt dauert fünfundzwanzig Minuten.

- Was gibt es im Zentrum?

- Im Zentrum gibt es einen großen Platz und ein Denkmal.

- Wie sieht das Denkmal aus?

- Das Denkmal ist groß und schön.

pomnika?

- Wokół pomnika jest dużo ludzi.

- Co oni robią?

- Robią zdjęcia.

- Co jeszcze jest na placu?

- Jest też duża fontanna.

- Czy koło fontanny jest dużo czy mało ludzi?

- Koło fontanny siedzi dużo ludzi.

- Co jeszcze pokazujesz Jackowi?

- Pokazuję mu sklepy.

- Czy można tu kupić wszelkie potrzebne rzeczy?

- Można tu kupić wszystko, czego się potrzebuje.

- Jakie sklepy są tutaj?

- Sklepy spożywcze, odzieżowe i inne.

- Dokąd prowadzisz Jacka?

- Prowadzę Jacka na jego uniwersytet.

- Koło jakiego budynku przechodzicie?

- Przechodzimy koło komisariatu policji.

- Czy musicie przejść przez jezdnię?

- Tak, musimy przejść przez jezdnię.

- Wie viele Leute gibt es rund um das Denkmal?

- Es gibt viele Leute rund um das Denkmal.

- Was machen sie?

- Sie machen Fotos.

- Was gibt es dort noch?

- Es gibt einen großen Springbrunnen.

- Gibt es viele Leute am Springbrunnen?

- Viele Leute sitzen am Springbrunnen.

- Was zeigst du Jack noch?

- Ich zeige ihm Geschäfte.

- Kann man dort alle nötigen Dinge kaufen?

- Man kann dort alles kaufen, was man braucht.

- Welche Geschäfte sind es?

- Es sind Lebensmittelgeschäfte, Kleidergeschäfte und andere.

- Wohin führst du Jack?

- Ich führe Jack zu seiner Universität.

- An welchem Gebäuden gehr ihr vorbei?

- Wir gehen an einem Polizeirevier vorbei.

- Musst ihr über die Straße gehen?

- Ja, wir müssen über die Straße

- Jakie światło pali się na przejściu?

- Na przejściu pali się czerwone światło.

- Czy przechodzicie na czerwonym świetle, czy czekacie na zielone?

- Czekamy, aż zapali się zielone światło.

- Czy przechodzicie przez jezdnię, czy stoicie w miejscu?

- Przechodzimy przez jezdnię.

- Czy pokazujesz Jackowi, gdzie można coś zjeść?

- Tak, po drodze pokazuję Jackowi kawiarnie i restauracje, w których można coś zjeść.

- Jakie miejsce mijacie?

- Mijamy bar.

- Czy w barze jest dużo czy mało napojów alkoholowych?

- W barze jest dużo napojów alkoholowych.

gehen.

- Welche Farbe hat die Ampel?

- Die Ampel ist rot.

- Geht ihr bei dem roten Licht oder wartet ihr auf das grüne Licht?

- Wir warten, bis die Ampel grün wird.

- Geht ihr über die Straße oder bleibt ihr stehen?

- Wir gehen über die Straße.

- Zeigst du Jack, wo man essen kann?

- Ja, auf dem Weg zeige ich Jack Cafés und Restaurants, in denen man essen kann.

- An welchem Ort geht ihr vorbei?

- Wir gehen an einer Bar vorbei.

- Gibt es viele Alkoholgetränke in der Bar?

- Ja, es gibt viele Alkoholgetränke in der Bar.

11

Die Audiodatei

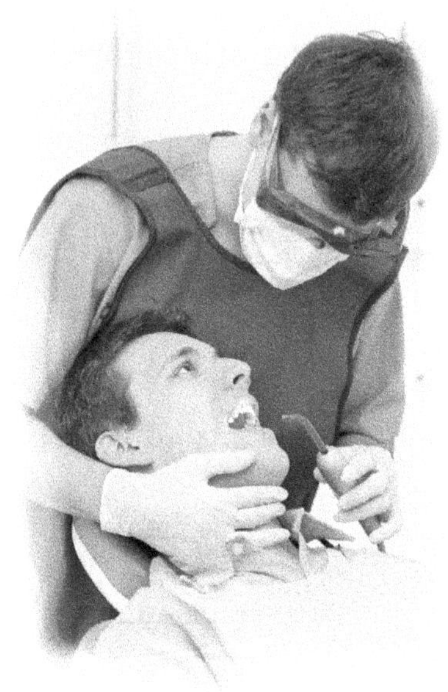

Jack jest chory

Jack ist krank

A

Słówka

1. apteka - die Apotheke
2. biblioteka - die Bibliothek, die Bücherei
3. bo, ponieważ - weil
4. być chorym - krank sein
5. być leczonym, leczyć się - behandelt werden
6. cena, koszt - der Preis, die Kosten (pl.)
7. chwytać - greifen
8. ciepły - warm
9. czuć - fühlen
10. dentysta - der Zahnarzt
11. dlatego - deshalb
12. doradca - der Berater
13. drogi - teuer
14. drogo - teuer
15. dzień - der Tag
16. dziewiętnaście - neunzehn
17. góra - der Berg
18. klinika - die Klinik
19. leczenie - die Behandlung

20. lepiej - besser
21. oddawać - zurückgeben, abgeben
22. plaża - der Strand
23. pływać - schwimmen
24. pociąg - der Zug
25. (po)ruszać się - sich bewegen
26. prać - waschen
27. pralnia - die (Selbstbedienungs)Wäscherei
28. proponować - vorschlagen
29. propozycja - der Vorschlag
30. raz (dwa razy itd.) - einmal (zweimal etc.)
31. starczać - genug sein
32. student - der Student
33. szukać - suchen
34. teatr - der Theater
35. technologia - die Technologie
36. tu, tutaj (kierunek) - hier(her)
37. tunel - der Tunnel
38. tydzień - die Woche
39. ubezpieczenie - die Versicherung
40. uczeń - der Schüler
41. wzornictwo, design - das Design
42. zatrudnienie - die Anstellung, die Beschäftigung
43. ząb - der Zahn
44. zieleń - die Grünfläche
45. ziemia - die Erde, der Boden
46. zostać - werden
47. żywność, produkty spożywcze - die Lebensmittel

Przełam lody
Brich das Eis

Mały Robert lubi, gdy dziadek czyta mu książkę o Kopciuszku. Jego dziadek zna już na pamięć każde słowo, na każdej stronie.

Der kleine Robert mag es, wenn sein Opa ihm Bücher über Cinderella vorliest. Sein Opa kennt schon jedes Wort auf jeder Seite

Robert prosi go, aby jeszcze raz przeczytał mu Kopciuszka, jednak okulary dziadka są w samochodzie. Na szczęście on zna tę historię bardzo dobrze. Dziadek bierze więc książkę i udaje, że 'czyta'. Dochodzi do momentu, w którym ciotka Kopciuszka dokonuje magii.

auswendig. Robert bittet ihn, wieder Cinderella zu lesen, allerdings ist die Brille seines Opas im Auto. Zum Glück kennt er die Geschichte sehr gut. Also nimmt der Opa das Buch und tut so, als ob er „liest". Er kommt zu dem Moment, als Cinderellas Tante die Magie ausübt.

„Ciotka zamieniła starego Forda w złoty wóz", 'czyta' dziadek.

„Die Tante verwandelte einen alten Ford in eine goldene Kutsche", „liest" der Opa.

Mały Robert patrzy na niego z uwagą.

Der kleine Robert sieht ihn aufmerksam an.

„Poczekaj dziadku", mówi chłopiec, „przyniosę ci twoje okulary".

"Warte Opa", sagt der Junge, "ich werde dir deine Brille bringen."

 B

Jack jest studentem. Ma dziewiętnaście lat. Studiuje na Uniwersytecie Technologii i Wzornictwa. Może dojechać na uniwersytet autobusem lub metrem. Jack zwykle jedzie metrem. Bilet kosztuje dwa euro. Jedzie metrem przez około dwadzieścia minut. Metro najpierw jedzie pod ziemią, a potem przejeżdża po moście nad rzeką.

Jack ist Student. Er ist neunzehn Jahre alt. Er studiert an der Universität für Technologie und Design. Er kann zur Universität mit der U-Bahn oder mit dem Bus kommen. In der Regel wählt er die U-Bahn. Die Fahrkarte kostet zwei Euro. Die Fahrt dauert ungefähr zwanzig Minuten. Der Zug fährt zuerst unter der Erde, dann überquert er den Fluss über eine Brücke.

Jack zwykle nie robi sobie sam jedzenia. W naszym mieście restauracje są drogie, więc Jack zwykle je w kawiarni. Chodzi też do supermarketu, żeby kupić produkty spożywcze.

Jack idzie do pralni, żeby wyprać swoje ubrania. Jack nie ma pralki w pokoju. Oddaje brudne ubrania do pralni.

Jack lubi to miasto. Zawsze chciał mieszkać w dużym mieście. Miasto jest piękne. Leży na brzegach rzeki. W mieście jest wiele ciekawych miejsc. Przyjeżdża tu dużo turystów.

Jack jest chory. Boli go ząb. Jack idzie do kliniki. Jack idzie do dentysty. Jest ubezpieczony, więc płaci połowę kosztów leczenia. Po zabiegu Jack czuje się lepiej. Jedzie na uniwersytet i czuje się dobrze.

Jack często chodzi po mieście. Chodzi do parku. Podoba mu się, że w mieście jest dużo zieleni. Miasto jest czyste. Pogoda jest ciepła. Jack czasami chodzi na plażę nad rzeką. Umie dobrze pływać. Chodzi też do

In der Regel macht Jack sein Essen nicht selbst. In unserer Stadt sind Restaurants teuer, deshalb isst Jack normalerweise in einem Café. Er geht auch in den Supermarkt, um Lebensmittel zu kaufen.

Jack geht in die Selbstbedienungswäscherei, um seine Kleidung zu waschen. Jack hat keine Waschmaschine in seinem Zimmer. Er gibt schmutzige Kleidung in der Wäscherei ab.

Jack mag die Stadt. Er wollte immer in einer Großstadt wohnen. Die Stadt ist schön. Sie liegt am Ufer eines Flusses. Die Stadt hat viele interessanten Orte. Viele Touristen kommen hierher.

Jack ist krank. Er hat Zahnschmerzen. Er geht in die Klinik. Jack geht zum Zahnarzt. Er hat eine Versicherung, deshalb bezahlt er nur die Hälfte der Kosten. Nach der Behandlung fühlt sich Jack besser. Er geht zur Universität und fühlt sich gut.

Jack spaziert oft durch die Stadt. Er geht in den Park. Er mag es, dass es in der Stadt viele Grünflächen gibt. Die Stadt ist sauber. Das Wetter ist warm. Manchmal geht Jack zum Strand am Fluss. Er schwimmt gut. Er

kina, muzeów i teatrów z przyjaciółmi. Jack lubi to miasto. Jack lubi też czytać. Co tydzień chodzi do biblioteki. Lubi powieści kryminalne. Codziennie czyta książki.

geht auch ins Kino, zu Museen und in den Theater mit seinen Freunden. Jack mag diese Stadt. Er mag es auch zu lesen. Jede Woche geht er in die Bibliothek. Er mag Kriminalromane. Er liest jeden Tag durch.

Jackowi brakuje pieniędzy. Chce znaleźć pracę. Idzie do biura pośrednictwa pracy. Chce pracować trzy razy w tygodniu. Dostaje propozycję pracy jako doradca w supermarkecie. Jack przyjmuje propozycję.

Jack hat nicht genug Geld. Er will eine Anstellung finden. Er geht zum Arbeitsamt. Er will dreimal pro Woche arbeiten. Er bekommt einen Vorschlag, als Berater in einem Supermarkt zu arbeiten. Jack nimmt die Arbeit an.

C

Pytania i odpowiedzi

- Czy Jack jest uczniem liceum, czy studentem?

- Jak jest studentem.

- Ile ma lat?

- Ma dziewiętnaście lat.

- Gdzie studiuje?

- Studiuje na Uniwersytecie Technologii i Wzornictwa.

- Jak dojeżdża na uniwersytet?

- Może dojechać na uniwersytet autobusem lub metrem. Zwykle jeździ metrem.

- Ile kosztuje przejazd metrem?

Fragen und Antworten

- Ist Jack ein Schüler oder ein Student?

- Er ist Student.

- Wie alt ist er?

- Er ist neunzehn Jahre alt.

- Wo studiert er?

- Er studiert an der Universität für Technologie und Design.

- Wie kommt er zur Universität?

- Er kann mit dem Bus oder mit der U-Bahn zur Universität fahren. In der Regel fährt er mit der U-Bahn.

- Wieviel kostet eine Fahrkarte für die U-Bahn?

- Bilet kosztuje dwa euro.
- Jak długo Jack jedzie metrem?
- Jedzie metrem przez około dwadzieścia minut.
- Czy metro przez cały czas jedzie w tunelu pod ziemią?
- Metro najpierw jedzie pod ziemią, potem przejeżdża nad rzeką po moście.
- Czy Jack sam gotuje sobie obiad?
- Nie, Jack zwykle nie przyrządza sobie sam jedzenia.
- Gdzie Jack zwykle je obiad?
- Jack zwykle je w kawiarni.
- Dlaczego Jack nie je w restauracji?
- Bo w naszym mieście restauracje są drogie.
- Czy kupuje też jedzenie w supermarkecie?
- Tak, chodzi też do supermarketu po produkty spożywcze.
- Gdzie Jack pierze swoje ubrania?
- Jack pierze swoje ubrania w pralni.
- Czy Jack lubi to miasto?
- Tak, Jack zawsze chciał

- Die Karte kostet zwei Euro.
- Wie lang fährt er mit der U-Bahn?
- Die Fahrt dauert ungefähr zwanzig Minuten.
- Fährt der Zug die ganze Zeit durch den Tunnel?
- Er fährt zuerst unter der Erde, dann überquert er den Fluss über eine Brücke.
- Kocht sich Jack das Essen selbst?
- Nein, in der Regel macht er das Essen nicht selbst.
- Wo isst Jack in der Regel?
- In der Regel isst Jack in einem Café.
- Warum isst Jack nicht in einem Restaurant?
- Weil Restaurants in unserer Stadt teuer sind.
- Kauft Jack auch Lebensmittel in einem Supermarkt?
- Ja, er geht auch in den Supermarkt, um Lebensmittel zu kaufen.
- Wo wäscht Jack seine Kleidung?
- Jack wäscht seine Kleidung in der Selbstbedienungswäscherei.
- Mag Jack die Stadt?
- Ja, Jack wollte immer in einer Großstadt wohnen.

mieszkać w dużym mieście.

- Czy miasto leży w górach, czy nad rzeką?

- Miasto jest położone na brzegach rzeki.

- Czy w mieście są turyści?

- Tak, przyjeżdża tu dużo turystów.

- Dlaczego Jack jest chory?

- Boli go ząb.

- Czy Jack idzie do apteki, czy do kliniki?

- Jack idzie do kliniki. Idzie do lekarza.

- Do jakiego lekarza idzie Jack?

- Jack idzie do dentysty.

- Czy leczenie u dentysty jest drogie?

- Jack jest ubezpieczony, więc płaci tylko połowę kosztów leczenia.

- Jak Jack czuje się po zabiegu?

- Jack czuje się lepiej. Jedzie na uniwersytet i czuje się dobrze.

- Czy Jack lubi chodzić po mieście?

- Tak, Jack często spaceruje po mieście.

- Dokąd Jack chodzi?

- Chodzi do parku. Podoba mu się,

- Liegt die Stadt im Gebirge oder an einem Fluss?

- Die Stadt liegt am Ufer eines Flusses.

- Gibt es Touristen in der Stadt?

- Ja, es gibt viele Touristen hier.

- Warum ist Jack krank?

- Er hat Zahnschmerzen.

- Geht er in die Apotheke oder in die Klinik?

- Er geht in die Klinik. Er geht zu einem Arzt.

- Zu welchem Arzt geht Jack?

- Jack geht zu einem Zahnarzt.

- Kostet die Behandlung beim Zahnarzt viel?

- Jack hat eine Versicherung, deshalb bezahlt er nur die Hälfte der Kosten.

- Wie fühlt sich Jack nach der Behandlung?

- Jack fühlt sich besser. Er fährt zur Universität und fühlt sich besser.

- Mag es Jack, durch die Stadt zu spazieren?

- Ja, Jack spaziert sehr oft durch die Stadt.

- Wohin geht Jack?

- Jack geht in den Park. Er mag es, dass es in der Stadt viele Grünflächen gibt.

że w mieście jest dużo zieleni.

- Czy Jack umie pływać?
- Tak, Jack dobrze pływa. Czasami chodzi na plażę nad rzeką.
- Dokąd Jack chodzi z przyjaciółmi?
- Chodzi do kina, muzeów i teatrów.
- Jak często Jack chodzi do biblioteki?
- Chodzi do biblioteki co tydzień.
- Jakie książki on lubi?
- Lubi powieści kryminalne. Codziennie czyta książki.
- Czy Jack ma dużo pieniędzy?
- Nie, brakuje mu pieniędzy.
- Gdzie Jack szuka pracy?
- Idzie do biura pośrednictwa pracy.
- Ile dni w tygodniu Jack może pracować?
- Jack chce pracować trzy dni w tygodniu.
- Jaką propozycję pracy dostaje?
- Dostaje propozycję pracy jako doradca w supermarkecie.
- Czy Jack przyjmuje czy odrzuca propozycję?
- Jack się zgadza.

- Kann Jack schwimmen?
- Ja, Jack schwimmt gut. Manchmal geht er zum Strand am Fluss.
- Wohin geht Jack mit seinen Freunden?
- Er geht ins Kino, zu Museen und in das Theater.
- Wie oft geht Jack in die Bibliothek?
- Jack geht jede Woche in die Bibliothek.
- Welche Bücher mag er?
- Er mag Kriminalromane. Er liest jeden Tag Bücher.
- Hat Jack viel Geld?
- Nein, er hat nicht genug Geld.
- Wo sucht Jack eine Arbeit?
- Er geht zum Arbeitsamt.
- Wie viele Tage pro Woche kann Jack arbeiten?
- Er will dreimal pro Woche arbeiten.
- Was für einen Arbeitsvorschlag bekommt er?
- Er bekommt einen Vorschlag, als Berater im Supermarkt zu arbeiten.
- Nimmt er den Vorschlag an oder lehnt er ihn ab?
- Er nimmt den Vorschlag an.

12

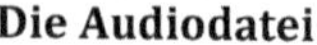

Die Audiodatei

Jack chce znaleźć sobie nowe mieszkanie

Jack will eine neue Wohnung finden

A

Słówka

1. adres - die Addresse
2. agent, przedstawiciel - der Vertreter, der Agent
3. bank - die Bank
4. cena - der Preis
5. centralny - zentrale
6. chodnik - der Bürgersteig, der Fußweg
7. cicho - still, leise
8. cichy - still
9. decyzja, wybór - der Entschluss, die Entscheidung
10. długo - lange
11. drugi - zweiter
12. dziecko - das Kind
13. dzwonek - die Klingel
14. gazeta - die Zeitung
15. głośny - laut
16. gospodarz, właściciel - der Wirt
17. jasno - hell

18. kierunek - die Richtung
19. kiosk - der Kiosk
20. klatka schodowa - das Treppenhaus
21. książkowy - Buch-
22. ktoś - jemand
23. laptop - der Laptop
24. lokum, mieszkanie - das Lokum
25. łóżko - das Bett
26. meble - die Möbel
27. miesiąc - der Monat
28. myśleć - denken
29. na zewnątrz - draußen
30. niewysoki - nich groß
31. od razu, natychmiast, z góry - sofort, auf der Stelle
32. odpowiadać - antworten
33. odpowiedni - geeignet, passend
34. odprowadzać, towarzyszyć - begleiten
35. odrzucić - ablehnen
36. ogłoszenie - die Anzeige
37. pierwszy - erster
38. piętro - die Etage
39. podchodzić, zbliżać się - herangehen, sich nähern
40. powiedzieć - sagen
41. przeprowadać się - umziehen
42. przytulnie - gemütlich
43. pukać - klopfen
44. skórzany, ze skóry - ledern, Leder-
45. sobota - der Samstag
46. spędzać czas - Zeit verbringen
47. spokojnie - ruhig
48. spotkać - treffen
49. tak - so, ja
50. tamto - jenes
51. trzeci - dritter
52. trzysta - dreihundert
53. umówić się - sich verabreden
54. wchodzić na górę - steigen
55. wewnątrz - innen, drinnen
56. winda - der Aufzug
57. wracać - zurückkehren
58. wskazany - angezeigt
59. wskazywać - anzeigen, andeuten
60. wybierać - wählen
61. wyjaśniać - erklären
62. wysoki - hoch
63. wzdłuż - entlang
64. zaprosić - einladen
65. zawrzeć umowę - einen Vertrag schließen
66. zdecydować - entscheiden
67. znajdować - finden

Przełam lody
Brich das Eis

Jest zima. Na dworze jest śnieżnie i ślisko. Tata wraca do domu z pracy.

„Pogoda jest straszna! Jest bardzo ślisko. Dwa razy się przewróciłem", mówi do mamy. Jego spodnie mają kilka mokrych plam. Tata jest niezadowolony. W tym momencie mały synek wraca ze szkoły do domu.

„Na dworze jest tak fajnie!" krzyczy radośnie syn. „Jest bardzo ślisko. Przewróciłem się dwa razy!" Syn jest bardzo szczęśliwy.

Es ist Winter. Draußen ist es verschneit und rutschig. Der Vater kommt von der Arbeit nach Hause.

„Das Wetter ist schrecklich! Es ist sehr rutschig. Ich bin zweimal gestürzt", sagt er zu der Mutter. Seine Hose hat mehrere nasse Flecken. Der Vater ist unglücklich. In diesem Moment kommt der kleine Sohn von der Schule nach Hause.

„Es ist so toll draußen!" schreit der Sohn glücklich. „Es ist sehr rutschig. Ich bin zweimal gestürzt!" Der Sohn ist sehr glücklich.

B

Dzisiaj jest sobota. Mieszkanie w hotelu przed dłuższy czas jest drogie. Jack chce znaleźć sobie mieszkanie. Kupuje

Heute ist Samstag. Es ist teuer, lange in einem Hotel zu bleiben. Jack will eine neue Wohnung finden. Er kauft eine Zeitung am Kiosk. In der

gazetę w kiosku. W gazecie jest dużo ogłoszeń. Jack wchodzi do kawiarni i siada przy stoliku. Zamawia kawę. Siedzi w kawiarni i przegląda gazetę. Znajduje w gazecie ogłoszenia o kilku odpowiednich mieszkaniach. Mają niskie ceny. Jack chce też, żeby mieszkanie było blisko uniwersytetu. Wybiera sobie trzy mieszkania. Jack chce je dzisiaj zobaczyć. Dzwoni pod numery podane w ogłoszeniach. Pierwszy numer nie odpowiada. Później dzwoni pod drugi numer. Odpowiada kobieta. Ma na imię Charlotte. Jest agentką biura nieruchomości. Jack umawia się z nią. Podoba mu się, że mieszkanie leży w centrum miasta. Wsiada do autobusu i jedzie do budynku. Kiedy przyjeżdża, widzi wysoki budynek. Stoi on przy placu centralnym. Jest tu dużo samochodów i ludzi. Jackowi nie podoba się, że jest tu tak głośno. Budynek nie podoba mu się też z zewnątrz. Wygląda staro. Jack wchodzi do budynku. Mieszkanie jest na drugim piętrze. Jack puka do drzwi. Kobieta otwiera drzwi. To Charlotte. Zaprasza Jacka do

Zeitung gibt es viele Anzeigen. Jack geht in ein Café und setzt sich an einen Tisch. Er bestellt Kaffee. Er sitzt im Café und liest die Zeitung. Er findet einige passenden Wohnungen in der Zeitung. Ihre Preise sind niedrig. Jack will auch, dass sich die Wohnung in der Nähe der Universität befindet. Er wählt drei Wohnungen. Jack will sie noch heute sehen. Er ruft die Telefonnummer an, die in den Anzeigen angegeben sind. Die erste Nummer antwortet nicht. Dann ruft er die zweite Nummer. Eine Frau antwortet. Sie heißt Charlotte. Sie ist eine Immobilienagentin. Er verabredet sich mit ihr. Jack findet es gut, dass die Wohnung sich im Zentrum der Stadt befindet. Er steigt in einen Bus ein und fährt zu diesem Haus. Als Jack ankommt, sieht er ein hohes Haus. Es befindet sich am Zentralplatz. Es gibt viele Leute und Autos. Jack findet es nicht gut, dass es hier so laut ist. Das Haus gefällt ihm auch von außen nicht so gut. Es sieht alt aus. Jack geht hinein. Die Wohnung befindet sich in der zweiten Etage. Er klopft an die Tür. Eine Frau öffnet die Tür. Das ist Charlotte. Sie lädt Jack ein, sich die

środka, żeby obejrzał mieszkanie. Jack wchodzi do środka. Mieszkanie jest przestronne, ale stare. Ma duże okna. Są z drewna. W dużym pokoju stoi duży telewizor i kanapa. Jack wchodzi do sypialni. W pokoju stoi duże łóżko. W kącie pokoju stoi stół. Jackowi nie podoba się, że mieszkanie jest ciemne i ma mało mebli. Wygląda pusto. Jack mówi Charlotte, że chce obejrzeć dzisiaj jeszcze jedno mieszkanie i wybrać. Charlotte prosi Jacka, żeby zadzwonił wieczorem i przekazał swoją decyzję. Jack wychodzi z budynku. Dzwoni pod jeszcze jeden numer. Pewien mężczyzna wynajmuje mieszkanie niedaleko. Ma na imię Mike. Tłumaczy Jackowi, jak dojść do budynku. Jack zna to miejsce. Idzie na stację metra. Mieszkanie jest blisko parku. Jack wsiada do wagonu. Jedzie metrem przez około dziesięć minut. Wychodzi z metra i idzie chodnikiem wzdłuż jezdni. Nie może znaleźć budynku, ale ma adres. Podchodzi do kobiety z dzieckiem. Pyta ją, jak dojść do budynku. Kobieta zna ten dom.

Wohnung anzusehen. Er kommt hinein. Die Wohnung ist geräumig, aber alt. Es gibt große Fenster. Sie sind hölzern. Im Wohnzimmer gibt es einen großen Fernseher und ein Sofa. Jack geht in das Schlafzimmer hinein. Es hat ein großes Bett. In der Ecke des Zimmers gibt es einen Tisch. Jack mag es nicht, dass die Wohnung dunkel ist und wenige Möbel hat. Sie sieht leer aus. Jack sagt Charlotte, dass er heute noch eine Wohnung ansehen will und dann entscheiden. Charlotte bittet ihn, am Abend anzurufen und ihr die Entscheidung mitzuteilen. Jack verlässt das Haus. Er ruft noch eine Nummer an. Ein Mann vermietet eine Wohnung in der Nähe. Er heißt Mike. Er erklärt, wie man sein Haus findet. Jack kennt dieses Ort. Er geht zur U-Bahn-Station. Die Wohnung befindet sich neben einem Park. Jack steigt in den Wagen ein. Die Fahrt dauert ungefähr zehn Minuten. Er geht draußen und dann auf den Bürgersteig dem Weg entlang. Er kann das Haus nicht finden, aber er hat die Adresse. Er geht zu einer Frau mit einem Kind. Er fragt, wie man das Haus finden kann. Die Frau kennt das Haus. Sie wohnt dort. Sie

Sama tam mieszka. Pokazuje Jackowi, w którym kierunku ma iść. Budynek znajduje się koło banku. Jack dociera do budynku. Bardzo mu się podoba, że budynek jest koło parku. Dookoła jest cicho i spokojnie. Koło domu jest ogród. Rośnie tam dużo kwiatów. Mieszkanie Mike'a jest na trzecim piętrze. Jack wsiada do windy. Wjeżdża na trzecie piętro. Jack wychodzi z windy. Dzwoni do drzwi. Mężczyzna otwiera drzwi. To Mike. Wchodzi z Jackiem do środka.

W środku jest jasno i wygodnie. W mieszkaniu są nowe meble. W pokoju jest telewizor z dużym ekranem. Jest nowy. W kącie pokoju stoi łóżko. Jack widzi regał z książkami w pokoju. Na regale jest dużo książek. Pośrodku pokoju stoi stół. Koło stołu jest duży fotel. Jest ze skóry. Jack myśli, że mógłby tu postawić swój laptop. Podoba mu się to mieszkanie. Mówi Mike'owi, że chciałby tu mieszkać. Będzie płacił Mike'owi trzysta euro miesięcznie. Zawierają umowę. Jack musi zapłacić z góry za dwa

zeigt Jack die Richtung, die er wählen soll. Das Haus befindet sich neben einer Bank. Jack geht hinein. Es gefällt ihm sehr, dass sich das Haus neben einem Park befindet. Es ist still und ruhig rund um das Haus. Neben dem Haus gibt es einen Garten. Es gibt dort viele Blumen. Mikes Wohnung ist in der dritten Etage. Jack geht zum Aufzug. Er fährt auf die dritte Etage. Jack geht aus dem Aufzug hinaus. Er benutzt die Klingel. Ein Mann öffnet die Tür. Das ist Mike. Er begleitet Jack in die Wohnung.

Drinnen ist es hell und bequem. Es gibt neue Möbel in der Wohnung. Im Zimmer gibt es einen Großbildfernseher. Er ist neu. In der Zimmerecke gibt ein Bett. Im Zimmer sieht Jack ein Bücherregal. Es gibt viele Bücher im Bücherregal. In der Mitte des Zimmers gibt es einen Tisch. Neben dem Tisch gibt es einen Sessel. Er ist ledern. Jack denkt daran, seinen Laptop dorthin zu stellen. Das Haus gefällt ihm. Er sagt Mike, dass er hier wohnen will. Er soll Mike dreihundert Euro pro Monat bezahlen. Sie schließen einen Vertrag. Jack muss für zwei Monaten

miesiące. Tego samego dnia przenosi wszystkie swoje rzeczy z hotelu.

sofort bezahlen. Er bringt am selben Tag alle seinen Sachen aus dem Hotel.

C

Pytania i odpowiedzi

- Jaki jest dzisiaj dzień?

- Dzisiaj jest sobota.

- Dlaczego Jack chce znaleźć mieszkanie?

- Bo mieszkanie przez dłuższy czas w hotelu jest drogie.

- Co Jack kupuje w kiosku?

- Jack kupuje w kiosku gazetę z ogłoszeniami.

- Czy Jack wraca do hotelu, czy idzie do kawiarni?

- Jack idzie do kawiarni i siada przy stoliku.

- Czy zamawia lody czy kawę?

- Zamawia kawę.

- Co Jack robi w kawiarni?

- Siedzi i czyta gazetę.

- Czy znajduje ogłoszenia o niedrogich mieszkaniach?

- Tak, znajduje w gazecie ogłoszenia o kilku odpowiednich mieszkaniach.

- Gdzie powinno znajdować się mieszkanie?

- Jack chciałby, żeby mieszkanie

Fragen und Antworten

- Was für ein Tag ist heute?

- Es ist Samstag.

- Warum will Jack eine Wohnung finden?

- Weil es teuer ist, eine lange Zeit im Hotel zu bleiben.

- Was kauft Jack am Kiosk?

- Am Kiosk kauft Jack eine Zeitung mit Anzeigen.

- Geht Jack zurück zum Hotel oder in ein Café?

- Jack geht in ein Café und setzt sich an den Tisch.

- Bestellt er Eis oder Kaffee?

- Er bestellt Kaffee.

- Was macht Jack im Café?

- Er sitzt und liest die Zeitung.

- Findet er Anzeigen für billige Wohnungen?

- Ja, er findet Anzeigen für einige passenden Wohnungen in der Zeitung.

- Wo soll sich die Wohnung befinden?

- Jack will eine Wohnung in der

było blisko jego uniwersytetu.

- Czy Jack wybiera mieszkanie?

- Tak, wybiera trzy mieszkania i chciałby je dzisiaj zobaczyć.

- Z kim umawia się Jack?

- Z agentką biura nieruchomości. Ona ma na imię Charlotte.

- Dlaczego Jack wybiera to mieszkanie?

- Jackowi podoba się, że budynek jest w centrum miasta.

- Czy Jack idzie do budynku pieszo, czy jedzie autobusem?

- Wsiada do autobusu i jedzie do budynku.

- Gdzie jest budynek?

- Znajduje się przy placu centralnym.

- Czy budynek leży w cichym, czy głośnym miejscu?

- Jest tu dużo samochodów i ludzi. Jackowi nie podoba się, że jest tu tak głośno.

- Czy Jackowi podoba się budynek?

- Nie, budynek nie podoba mu się z zewnątrz. Wygląda staro.

- Na którym piętrze jest mieszkanie?

- Mieszkanie jest na drugim piętrze.

- Kto otwiera drzwi?

Nähe seiner Universität finden.

- Wählt Jack eine Wohnung?

- Ja, er wählt drei Wohnungen und will sie heute ansehen.

- Mit wem verabredet sich Jack?

- Mit einer Immobilienagentin. Sie heißt Charlotte.

- Warum wählt Jack diese Wohnung?

- Es gefällt ihm, dass sich die Wohnung im Stadtzentrum befindet.

- Kommt Jack zu diesem Haus zu Fuß oder mit dem Bus?

- Jack steigt in den Bus ein und fährt zu diesem Haus.

- Wo ist das Haus?

- Es befindet sich am Zentralplatz.

- Liegt das Haus in einem ruhigen oder lauten Ort?

- Es gibt viele Autos und Leute. Jack mag es nicht, dass es hier so laut ist.

- Gefiel ihm das Haus?

- Nein, von außen gefällt ihm das Haus nicht. Es sieht alt aus.

- In welcher Etage liegt die Wohnung?

- Die Wohnung liegt in der zweiten Etage.

- Wer öffnet die Tür?

- Charlotte öffnet die Tür.

- Ist die Wohnung neu oder alt?

- Charlotte otwiera drzwi.
- Czy mieszkanie jest nowe czy stare?
- Mieszkanie jest przestronne, ale stare.
- Czy okna w mieszkaniu są małe czy duże?
- Okna są duże. Są z drewna.
- Co jest w dużym pokoju?
- W dużym pokoju jest duży telewizor i kanapa.
- Czy łóżko w sypialni jest duże?
- Tak, w sypialni jest duże łóżko.
- Czy w pokoju jest stół?
- Stół stoi w kącie pokoju.
- Czy Jackowi podoba się to mieszkanie?
- Niezbyt. Mieszkanie jest ciemne i ma mało mebli.
- Czy Jack rezygnuje z tego mieszkania?
- Nie, mówi Charlotte, że chciałby zobaczyć dzisiaj jeszcze jedno mieszkanie i wybrać.
- Czy Jack ogląda więcej mieszkań?
- Tak, dzwoni pod jeszcze jeden numer.
- Jak nazywa się gospodarz?
- Gospodarz ma na imię Mike.
- Czy Jack wie, jak dojechać do budynku?
- Tak, idzie na stację metra.

- Die Wohnung ist geräumig, aber alt.
- Sind die Fenster in der Wohnung klein oder groß?
- Die Fenster sind groß. Sie sind hölzern.
- Was gibt es im Wohnzimmer?
- Das Wohnzimmer hat einen großen Fernseher und ein Sofa.
- Ist das Bett im Schlafzimmer groß?
- Ja, das Schlafzimmer hat ein großes Bett.
- Gibt es einen Tisch im Zimmer?
- Ja, ein Tisch ist in der Ecke.
- Gefällt Jack die Wohnung?
- Nicht sehr. Die Wohnung ist dunkel und es gibt wenige Möbel.
- Lehnt Jack die Wohnung ab?
- Nein, er sagt Charlotte, dass er noch eine Wohnung heute ansehen will und sich dann entschließen.
- Besucht Jack noch andere Wohnungen?
- Ja, er ruft noch eine Nummer an.
- Wie heißt der Vermieter?
- Er heißt Mike.
- Weiß Jack, wie man zu diesem Haus fährt?
- Ja, er geht zu einer U-Bahn-Station. Die Wohnung befindet sich in der Nähe eines Parks.
- Wie lange fährt Jack mit der U-

Mieszkanie jest blisko parku.
- Jak długo Jack jedzie metrem?
- Jedzie metrem przez około dziesięć minut.
- Czy od razu znajduje budynek?
- Nie, nie może znaleźć budynku, ale ma adres.
- Czy może kogoś zapytać?
- Tak, podchodzi do kobiety z dzieckiem.
- O co Jack ją pyta?
- Pyta ją, jak dojść do budynku.
- Czy kobieta zna ten budynek?
- Tak, sama tam mieszka. Pokazuje Jackowi kierunek.
- Gdzie jest budynek?
- Budynek znajduje się za bankiem.
- Czy Jackowi podoba się ten dom?
- Tak, podoba mu się, że dom jest koło parku.
- Czy budynek leży w cichym miejscu?
- Tak, dookoła jest cicho i spokojnie.
- Na którym piętrze jest mieszkanie Mike'a?
- Mieszkanie Mike'a jest na trzecim piętrze.
- Czy Jack wchodzi po schodach?
- Nie, Jack wsiada do windy. Wjeżdża na trzecie piętro.

Bahn?
- Er fährt mit der U-Bahn ungefähr zehn Minuten lang.
- Findet er das Haus sofort?
- Nein, er kann das Haus nicht finden, aber er hat die Adresse.
- Kann er jemanden fragen?
- Ja, er fragt eine Frau mit einem Kind.
- Wonach fragt Jack die Frau?
- Er fragt, wie man das Haus finden kann.
- Kennt die Frau dieses Haus?
- Ja, sie wohnt dort. Sie zeigt Jack die Richtung.
- Wo ist das Haus?
- Es ist hinter einer Bank.
- Gefällt Jack das Haus?
- Ja, es gefällt ihm, dass sich das Haus neben dem Park befindet.
- Befindet sich das Haus in einem ruhigen Ort?
- Ja, es ist still und ruhig rund um das Haus.
- In welcher Etage befindet sich Mikes Wohnung?
- Die Wohnung ist in der dritten Etage.
- Geht Jack treppauf?
- Nein, er fährt mit dem Aufzug. Er fährt zur dritten Etage.
- Klopft Jack an die Tür oder klingelt

- Czy Jack puka do drzwi czy dzwoni dzwonkiem?
- Jack dzwoni do drzwi.
- Czy meble w mieszkaniu są nowe czy stare?
- Meble w mieszkaniu są nowe.
- Czy w pokoju jest telewizor?
- Tak, jest tam duży telewizor. Jest nowy.
- Gdzie jest łóżko w pokoju?
- Łóżko stoi w kącie pokoju.
- Jakie meble są w dużym pokoju?
- W dużym pokoju jest duży regał z książkami, pośrodku stoi stół, a koło niego duży skórzany fotel.
- Czy Jackowi podoba się mieszkanie?
- Tak, mówi Mike'owi, że chciałby tu mieszkać.
- Jak dużo Jack będzie płacił za mieszkanie?
- Będzie płacił Mike'owi trzysta euro miesięcznie.
- Co postanawiają Jack i Mike?
- Zawierają umowę.
- Za jaki okres Jack musi zapłacić z góry?
- Jack musi zapłacić z góry za dwa miesiące.
- Kiedy przeprowadza się z hotelu do mieszkania?
- Tego samego dnia przenosi wszystkie swoje rzeczy z hotelu.

er?
- Er klingelt.
- Sind die Möbel in der Wohnung neu oder alt?
- Die Möbel in der Wohnung sind neu.
- Gibt es einen Fernseher im Zimmer?
- Ja, es gibt einen Großbildfernseher. Er ist neu.
- Wo ist das Bett in diesem Zimmer?
- Das Bett ist in der Zimmerecke.
- Welche Möbel gibt es im Zimmer?
- Es gibt ein großes Buchregal, in der Mitte gibt es einen Tisch und neben dem Tisch gibt es einen großen ledernen Sessel.
- Gefällt Jack die Wohnung?
- Ja, er sagt Mike, dass er hier wohnen will.
- Wieviel soll Jack für die Wohnung bezahlen?
- Er soll Mike dreihundert Euro pro Monat bezahlen.
- Was beschließt Jack mit Mike?
- Sie schließen einen Vertrag.
- Für welche Periode muss Jack sofort bezahlen?
- Er muss für zwei Monaten sofort bezahlen.
- Wann zieht Jack vom Hotel um?
- Am gleichen Tag bringt er alle seinen Sachen aus dem Hotel.

13

W sklepie

Im Geschäft

A

Słówka

1. alejka (w sklepie), dział - die Abteilung
2. ananas - die Ananas
3. banan - die Banane
4. brzoskwinia - der Pfirsich
5. bulwar - der Boulevard
6. bułka, bułeczka - das Brötchen
7. butelka - die Flasche
8. chipsy - die Chips
9. cytryna - die Zitrone
10. deszcz - der Regen
11. działać - fungieren
12. gotowy - fertig
13. grzyb - der Pilz
14. jajko - das Ei
15. kapusta - der Kohl
16. kasa - die Kasse
17. kiełbasa - die Wurst
18. kolejka - die Schlange
19. kury, kurczaki - die Hühner

20. litr - der Liter
21. makaron, kluski - die Nudeln
22. marchew - die Karotte
23. mięso - das Fleisch
24. mleko - die Milch
25. niedziela - der Sonntag
26. odżywiać - ernähern
27. ogórek - die Gurke
28. opakowanie - das Paket
29. owoce - das Obst
30. paczka - das Päckchen
31. płacić - bezahlen
32. polietylenowy, foliowy - Polyethylen-
33. pomarańcza - die Orange
34. pomarańczowy - Orangen-
35. pomidor - die Tomate
36. portmonetka - die Geldtasche
37. postanawiać, decydować - entscheiden
38. potrzebny - nötig
39. rachunek - die Rechnung
40. różny - verschieden
41. ryż - der Reis
42. skrzynka - die Schachtel, die Kiste
43. słońce - die Sonne
44. sok - der Saft
45. sprzedawać się - verkauft werden
46. surowy - roh
47. sztuka - das Stück
48. szuflada - die Schublade
49. śmietana - die Sahne
50. świecić - leuchten, scheinen
51. truskawka - die Erdbeere
52. tylko - nur
53. udawać się - gelingen
54. waga - die Waage
55. warzywa - das Gemüse
56. ważyć - wiegen
57. wejście - der Eingang
58. wozić, wieźć - fahren (j-n oder etwas)
59. winogrona - die Traube(n)
60. wózek - der Wagen
61. wstać - aufstehen
62. wykładać, układać - auslegen
63. wysyłać - schicken
64. zajęty - beschäftigt

Przełam lody
Brich das Eis

Mały Leon jest na placu zabaw ze swoim tatą. Bawi się ze swoimi przyjaciółmi.

„Tato, czy mogę założyć majtki na spodnie?" pyta tatę.

„Dlaczego?" tata pyta syna.

„Będę Supermanem!"

„Dobrze, ale zróbmy to w domu", mówi tata.

„Będę supermanem!" Leon woła radośnie do swoich przyjaciół.

Der kleine Leon ist mit seinem Vater auf dem Spielplatz. Er spielt mit seinen Freunden.

„Papa, darf ich meine Unterhose über die Hose anziehen?" fragt er seinen Vater.

„Warum?" fragt der Vater den Sohn.

„Ich werde Superman sein!"

„Okay. Aber lass es uns zu Hause machen", sagt der Vater.

„Ich werde ein Superman sein!" schreit Leon glücklich zu seinen Freunden.

B

Dzisiaj jest niedziela. Jack ma dużo wolnego czasu. Postanawia iść do sklepu. Jest

Heute ist Sonntag. Jack hat viel Freizeit. Er entscheidet sich, ins Geschäft zu gehen. Es ist zehn Uhr

dziesiąta rano. Jack wstaje z łóżka. Myje zęby, ubiera się i idzie zjeść śniadanie. Chce kupić jedzenie na cały tydzień, więc idzie do supermarketu. Niedaleko jest supermarket. Jack wychodzi z domu. Idzie bulwarem. Na zewnątrz jest ładna pogoda. Świeci słońce. Dużo ludzi idzie bulwarem. Jack idzie dalej. Supermarket jest już blisko. Jack wchodzi do środka i bierze wózek. Wchodzi do sklepu i wybiera produkty. Jest w alejce z owocami. Są tu banany, jabłka, pomarańcze, ananasy, brzoskwinie truskawki, winogrona. Jack potrzebuje kupić cytryny. Bierze torebkę foliową i wkłada do niej cytryny. Bierze trzy sztuki. Bierze też drugą torebkę i wkłada do niej jabłka. Bierze pięć sztuk. Wkłada torebki do wózka. Jack podchodzi z wózkiem do wagi i waży owoce. Idzie dalej. Jest w alejce z warzywami. Jest tu marchew, pomidory, grzyby, ogórki, kapusta i inne warzywa. Leżą w skrzynkach. Jack chce kupić trochę pomidorów i ogórków. Bierze warzywa i je

morgens. Jack steht auf. Er putzt seine Zähne, kleidet sich an und geht in die Küche, um zu frühstücken. Er will Lebensmittel für die Woche kaufen, also geht er in den Supermarkt. Der Supermarkt liegt in der Nähe. Jack geht draußen. Er geht dem Boulevard entlang. Draußen ist das Wetter gut. Die Sonne scheint. Viele Leute spazieren auf dem Boulevard. Jack geht weiter. Der Supermarkt ist schon nah. Er kommt ein. Jack nimmt einen Einkaufwagen. Er geht ins Geschäft und wählt Produkte. Jack ist in der Obstabteilung. Es gibt hier Bananen, Äpfel, Orangen, Ananasse, Pfirsiche, Erdbeeren und Trauben. Jack braucht Zitronen. Er nimmt eine Kunststofftüte und legt die Zitronen hinein. Jack nimmt drei. Er nimmt noch eine Kunststofftüte und legt dort die Äpfel hinein. Er nimmt fünf. Er legt die Tüten in den Wagen. Jack geht zu der Waage und wiegt das Obst. Er geht weiter. Er ist in der Gemüseabteilung. Es gibt hier Karotten, Tomaten, Pilze, Gurken, Kohl und noch mehr Gemüse. Sie liegen in Kisten. Jack will einige Tomaten und Gurken nehmen. Er nimmt das Gemüse und wiegt es. Dann geht Jack zur Fleischabteilung.

waży. Potem idzie do działu mięsnego. Chce kupić kawałek kiełbasy. Są też ryby, surowe i pieczone kurczaki, kiełbasy i inne produkty mięsne. Jack idzie dalej. Bierze pudełko jajek. Niedaleko działu mięsnego bierze paczkę cukru. Bierze też opakowanie klusek i opakowanie ryżu. W dziale z nabiałem Jak bierze karton mleka i kubeczek śmietany. W dziale z pieczywem jest dużo różnych rodzajów bułek i chleba. Jack bierze bochenek chleba i dwie bułeczki. Bierze też małe pudełko ciasteczek. Jack idzie do kasy. Po drodze bierze dwie butelki soku pomarańczowego. W butelce jest litr soku. Jack uwielbia też chipsy. Bierze dwie paczki. Prowadzi wózek z zakupami do kasy. Przy kasie jest długa kolejka. Jack staje w kolejce. Wykłada zakupy na ladę. Kasjer skanuje produkty. Jack chce zapłacić kartą kredytową. Podaje kasjerowi swoją kartę. Kasjer wkłada kartę do urządzenia, ale karta nie działa. Kasjer prosi Jacka, żeby zapłacił gotówką. Jack ma trochę

Er will ein Stück Wurst nehmen. Jack wählt eine Wurst. Es gibt auch Fisch, rohe und fertige Hühnchen, Würste und andere Fleischprodukte. Jack geht weiter. Er nimmt ein Paket Eier. In der Nähe der Fleischabteilung nimmt er auch ein Paket Zucker. Er nimmt auch ein Paket Nudeln und ein Paket Reis. In der Milchabteilung nimmt Jack einen Karton Milch und einen Becher Sahne. In der Backwarenabteilung gibt es viele verschiedene Brötchen und Brote. Jack nimmt ein Brot und zwei süße Brötchen. Er nimmt auch ein kleines Paket Kekse. Jack geht zur Kasse. Auf dem Weg nimmt er noch zwei Flaschen Orangensaft mit. Es gibt einen Liter Saft in einer Flasche. Jack liebt auch Chips. Er kauft zwei Päckchen. Er geht mit dem Einkaufswagen zur Kasse. Es gibt eine lange Schlange zur Kasse. Jack steht in der Schlange. Jack stellt die Lebensmittel auf den Ladentisch. Der Kassierer scannt die Produkte. Jack will mit der Kreditkarte zahlen. Er gibt dem Kassierer seine Kreditkarte. Der Kassierer steckt die Karte in die Maschine, aber die Karte funktioniert nicht. Der Kassierer bittet Jack, mit Bargeld zu bezahlen. Jack hat etwas

pieniędzy w portmonetce. To wystarcza. Jack płaci kasjerowi. Kasjer podaje mu rachunek. Jack wychodzi ze sklepu.

Geld in seinem Portmonee. Es reicht. Jack bezahlt dem Kassierer. Der Kassierer gibt ihm eine Rechnung. Jack verlässt das Geschäft.

C

Pytania i odpowiedzi

- Jaki dzień jest dzisiaj?
- Dzisiaj jest niedziela.
- Czy Jack jest dzisiaj bardzo zajęty?
- Nie, Jack ma dużo wolnego czasu.
- Dokąd Jack dzisiaj idzie?
- Postanawia pójść do sklepu.
- Która jest godzina?
- Jest dziesiąta rano.
- Dlaczego Jack idzie do supermarketu?
- Chce kupić jedzenie na cały tydzień.
- Czy na zewnątrz pada?
- Nie, na zewnątrz jest ładna pogoda. Świeci słońce.
- Czy po bulwarze idzie dużo ludzi?
- Tak, dużo ludzi idzie po bulwarze.
- Co Jack robi przy wejściu do supermarketu?

Fragen und Antworten

- Welcher Wochentag ist heute?
- Heute ist Sonntag.
- Ist Jack heute sehr beschäftigt?
- Nein, Jack hat viel Freizeit.
- Wohin geht Jack heute?
- Er entscheidet sich, ins Geschäft zu gehen.
- Wie spät ist es?
- Es ist zehn Uhr morgens.
- Warum geht Jack in den Supermarkt?
- Er will Lebensmittel für die Woche kaufen.
- Regnet es draußen?
- Nein, draußen ist das Wetter gut. Die Sonne scheint.
- Spazieren Leute auf dem Boulevard?
- Ja, viele Leute spazieren auf dem Boulevard.
- Was macht Jack am Supermarkteingang?
- Er nimmt einen Einkaufswagen mit.

- Bierze wózek.
- Co jest sprzedawane w dziale z owocami?
- Są tam banany, jabłka, pomarańcze, ananasy, brzoskwinie, truskawki, winogrona.
- Czego Jack szuka w tym dziale?
- Jak potrzebuje kupić cytryny.
- Ile cytryn wkłada do torebki?
- Bierze trzy sztuki.
- Co jeszcze bierze Jack?
- Bierze jeszcze jedną foliową torebkę i wkłada do niej jabłka.
- Ile jabłek bierze Jack?
- Bierze pięć sztuk.
- Gdzie Jack waży owoce?
- Jak waży owoce na wadze.
- Co jest w dziale warzywnym?
- Jest marchew, pomidory, grzyby, ogórki, kapusta i inne warzywa.
- Gdzie są warzywa?
- Leżą w skrzynkach.
- Jakich warzyw potrzebuje Jack?
- Jak chce kupić kilka pomidorów i ogórków.
- Czy Jack bierze warzywa i idzie dalej?
- Nie, Jack bierze warzywa i najpierw je waży.
- Czy Jack chce kupić kawałek

- Was wird in der Obstabteilung verkauft?
- Es gibt Bananen, Äpfel, Orangen, Ananasse, Pfirsiche, Erdbeeren und Trauben.
- Was braucht Jack in dieser Abteilung?
- Er braucht Zitronen.
- Wie viele Zitronen legt er in die Kunststofftüte?
- Er nimmt drei.
- Was nimmt Jack noch?
- Er nimmt noch eine Kunststofftüte und legt Äpfel dort.
- Wie viele Äpfel nimmt Jack?
- Er nimmt fünf.
- Wo wiegt Jack das Obst?
- Er wiegt das Obst auf der Waage.
- Was gibt es in der Gemüseabteilung?
- Es gibt Karotten, Tomaten, Pilze, Gurken, Kohl und noch mehr Gemüse.
- Wo liegt das Gemüse?
- Es liegt in Kisten.
- Was für Gemüse braucht Jack?
- Jack will einige Tomaten und Gurken nehmen.
- Nimmt Jack das Gemüse und geht weiter?
- Nein, er nimmt das Gemüse und wiegt es.
- Will Jack ein Stück Wurst in der Fleischabteilung nehmen?

kiełbasy w dziale mięsnym?

- Tak, Jack wybiera kiełbasę.

- Jakie inne produkty bierze Jack?

- Jack bierze pudełko jajek, paczkę cukru, opakowanie klusek i opakowanie ryżu.

- Czy Jack je nabiał?

- Tak, Jack kupuje karton mleka i kubeczek śmietany w dziale z nabiałem.

- Czy w supermarkecie jest dobry dział z pieczywem?

- Tak, w dziale z pieczywem jest dużo różnych rodzajów bułek i chleba.

- Czy Jack kupuje tylko chleb, czy także bułki?

- Jack bierze bochenek chleba i dwie bułeczki.

- Czy Jack lubi ciasteczka?

- Tak, bierze małe pudełko ciasteczek.

- Co jeszcze Jack bierze w drodze do kasy?

- W drodze do kasy bierze dwie butelki soku.

- Jaki rodzaj soku kupuje Jack?

- Sok pomarańczowy.

- Ile soku jest w butelce?

- W butelce jest jeden litr soku.

- Czy Jack lubi chipsy?

- Ja, Jack wählt die Wurst.

- Welche Produkte nimmt Jack noch?

- Er nimmt einen Karton Eier, ein Paket Zucker, ein Paket Nudeln und ein Paket Reis.

- Isst Jack Milchprodukte?

- Ja, Jack nimmt einen Karton Milch und einen Becher Sahne in der Milchabteilung.

- Gibt es eine gute Backwarenabteilung im Supermarkt?

- Ja, in der Backwarenabteilung gibt es viele verschiedene Brötchen und Brote.

- Kauft Jack nur Brot oder kauft er noch Brötchen?

- Jack nimmt ein Brot und zwei süße Brötchen.

- Mag er Kekse?

- Ja, er nimmt ein kleines Paket Kekse.

- Was nimmt Jack noch auf dem Weg zur Kasse mit?

- Auf dem Weg zur Kasse nimmt er zwei Flaschen Saft mit.

- Welchen Saft kauft Jack?

- Orangensaft.

- Wieviel Saft gibt es in einer Flasche?

- In einer Flasche gibt es einen Liter Saft.

- Mag Jack Chips?

- Ja, er liebt Chips. Er nimmt zwei

- Tak, Jack uwielbia chipsy. Bierze dwie paczki.

- Czy do kasy stoi kolejka?

- Tak, przy kasie jest długa kolejka.

- Czy Jack nie chce czekać w kolejce i wychodzi bez zakupów?

- Nie, Jack staje w kolejce.

- Gdzie wykłada produkty?

- Jak kładzie produkty na ladzie.

- Czy Jack chce zapłacić gotówką czy kartą kredytową?

- Jack chce zapłacić kartą kredytową. Podaje kasjerowi swoją kartę.

- Czy udaje mu się zapłacić kartą?

- Nie. Kasjer wkłada kartę do urządzenia, ale ona nie działa.

- O co kasjer prosi Jacka?

- Kasjer prosi Jacka, żeby zapłacił gotówką.

- Czy Jack ma przy sobie pieniądze?

- Jack ma trochę pieniędzy w portmonetce.

- Czy to wystarcza, żeby zapłacić?

- Tak, Jack ma dość pieniędzy. Płaci kasjerowi.

Päckchen.

- Gibt es eine Schlange an der Kasse?

- Ja, es gibt eine lange Schlange an der Kasse.

- Will Jack nicht Schlange stehen und geht er ohne Lebensmittel weg?

- Nein, er steht Schlange.

- Wohin legt er die Produkte?

- Er legt die Produkte auf den Ladentisch.

- Will Jack mit Bargeld oder mit der Kreditkarte zahlen?

- Er will mit der Kreditkarte bezahlen. Er gibt dem Kassierer seine Karte.

- Gelingt es ihm, mit der Kreditkarte für die Produkte zu zahlen?

- Nein. Der Kassierer steckt die Karte in die Maschine, aber sie funktioniert nicht.

- Worum bittet der Kassierer Jack?

- Der Kassierer bittet Jack, mit Bargeld zu zahlen.

- Hat Jack Geld?

- Er hat etwas Geld in seinem Portmonee.

- Ist es genug, um für die Produkte zu bezahlen?

- Ja, es reicht. Jack bezahlt dem Kassierer.

14

Die Audiodatei

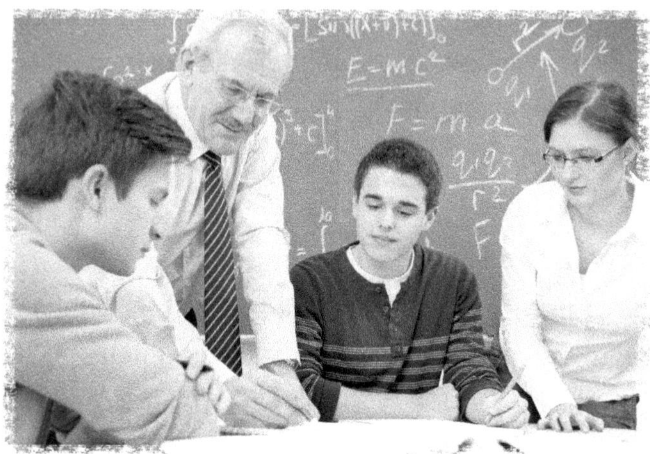

Dzisiaj mam cztery lekcje

Heute habe ich vier Fächer

Słówka

1. babcia - die Oma, die alte Frau
2. bibliotekarz - der Bibliothekar
3. biologia - die Biologie
4. biuro, sala, pokój - das Büro
5. Bruksela - Brüssel
6. ciekawie - interessant
7. czasopismo - die Zeitschrift
8. czwarty - vierter
9. dwunasty - zwölfter
10. dziadek - der Opa, der alte Mann
11. dziekanat - das Dekanat
12. egzamin, sprawdzian - die Prüfung
13. fizyka - die Physik
14. formuł(k)a - die Formel
15. geografia - die Geographie
16. gorąco - heiß
17. historia - die Geschichte
18. kanapka - das belegte Brot
19. kreda - die Kreide
20. lekcja, zajęcia - das Unterricht
21. lekki - leicht
22. linijka - das Lineal
23. następny - nächster
24. ocean - der Ozean
25. oddać - (zurück)geben
26. ołówek - der Bleistift

27. otwierać - öffnen
28. para - das Paar
29. początek - der Anfang
30. podręcznik - das Lehrbuch
31. pokój - das Zimmer; der Frieden
32. półtora - anderthalb
33. przedmiot - das Fach; das Ding
34. przerwa - die Pause
35. przygotowywać się - sich vorbereiten
36. rachunek - die Rechnung
37. sala, aula - der Hörsaal
38. schodek - die (Treppen)Stufe
39. sięgać - greifen
40. streszczenie - die Zusammenfassung, das Resümee
41. strona - die Seite
42. śniadanie - das Frühstück
43. świat - die Welt
44. trwać, zajmować czas - dauern
45. uważnie - aufmerksam
46. w, do - in
47. wieczór - der Abend
48. wykładowca, nauczyciel - der Lehrer
49. wypisywać - ausschreiben
50. zaczynać - anfangen, beginnen
51. zajęcia - das Unterricht
52. zakładać - anziehen
53. zapisywać - notieren
54. zasada, reguła - die Regel
55. zmęczyć się - müde werden
56. zostać - bleiben

Przełam lody
Brich das Eis

„Mamusiu, jaki smartfon miałaś, gdy byłaś mała?" mały synek pyta swoją mamę.

„Żadnego", odpowiada jego

„Mama, welches Smartphone hattest du, als du klein warst?“ ein kleiner Sohn fragt seine Mutter.

„Gar keins“, antwortet seine

mama.

„A czy miałaś tablet?" pyta ponownie.

„Kiedy byłam mała, nie było ani tabletów, ani smartfonów", mówi mama do syna. Jej syn jest bardzo zaskoczony.

„Mamo, czy kiedy byłaś małym dzieckiem, to widziałaś dinozaury?" pyta ponownie.

„Nie, nie widziałam, kochanie. Nie jestem aż tak stara."

Mutter.

„Hattest du ein Tablet?" fragt er wieder.

„Als ich klein war, gab es weder Tablets noch Smartphones", sagt die Mutter zu ihrem Sohn. Ihr Sohn ist sehr überrascht.

„Mama, hast du Dinosaurier gesehen, als du ein kleines Kind warst?" fragt er wieder.

„Nein, habe ich nicht, Lieber. So alt bin ich jetzt auch nicht."

B

Idę dzisiaj na uniwersytet. Muszę być tam o wpół do dziewiątej. Ubieram się. Na zewnątrz jest gorąco, więc zakładam lekkie ubrania. Potem jem śniadanie. Zjadam na śniadanie kanapkę i piję herbatę. Zbieram swoje rzeczy. Biorę ze sobą zeszyt, długopis, ołówek, linijkę i podręcznik do historii. Wychodzę z domu i idę na przystanek. Jadę autobusem na uniwersytet. Widzę już uniwersytet. Koło wejścia stoi dużo studentów. Podchodzę do drzwi i wchodzę na uniwersytet. Dzisiaj mam cztery lekcje.

Heute gehe ich zur Universität. Ich muss dort um halb neun sein. Ich ziehe mich an. Draußen ist es heiß, deshalb nehme ich dünne Kleidung. Dann esse ich das Frühstück. Zum Frühstück esse ich ein belegtes Brot und trinke ich Tee. Ich sammle meine Sachen ein. Ich nehme mein Heft, einen Kugelschreiber, einen Bleistift, ein Lineal und ein Geschichtslehrbuch mit zur Universität. Ich verlasse die Wohnung und gehe zur Bushaltestelle. Ich steige in den Bus ein und fahre zur Universität. Ich sehe die Universität. Neben dem Eingang gibt es viele Studenten. Ich gehe zur Tür und trete ein. Heute habe ich vier

Pierwsza - fizyka, druga - historia, trzecia - biologia, czwarta - angielski. Muszę iść do auli, w której mamy fizykę. Przed aulą stoi dużo studentów. Do początku zajęć zostało dziesięć minut. Wchodzę do auli i siadam na krześle. Koło mnie siedzi mój przyjaciel Mike. On ma bardzo dobre oceny. Wchodzi nasz wykładowca. Ma na imię pan Steven. Bierze do ręki kredę i pisze temat na tablicy. Studenci wyjmują zeszyty i długopisy. Zapisujemy temat. Potem pan Steven rozdaje nam podręczniki od fizyki. Prosi, żebyśmy otworzyli podręczniki na dwunastej stronie. Zapisujemy w zeszytach formuły i zasady. Pan Steven tłumaczy temat zajęć. Słuchamy uważnie. Lekcja trwa półtorej godziny. Potem wychodzę z auli. Zaczyna się przerwa. Przerwa trwa piętnaście minut. Potem mamy zajęcia z historii. Muszę iść na trzecie piętro. Tam jest sala do historii. Idę na trzecie piętro i wchodzę do sali. Nasz wykładowca ma na imię pan Oliven. Siedzi przy biurku i czyta gazetę. Na tablicy w jego sali

Fächer. Das erste - Physik, das zweite - Geschichte, das dritte - Biologie, das vierte - Englisch. Ich muss zum Hörsaal für die Physikunterricht gehen. Ich gehe treppauf bis zur zweiten Etage. Viele Studenten stehen vor dem Hörsaal. Das Unterricht fängt in zehn Minuten an. Ich gehe in den Hörsaal und setze mich. Neben mir sitzt mein Freund Mike. Er hat sehr gute Noten. Der Lehrer kommt herein. Er heißt Herr Steven. Er nimmt die Kreide und schreibt das Thema auf die Tafel. Studenten nehmen ihre Hefte und Kugelschreiber heraus. Wir notieren das Thema. Herr Steven gibt uns dann unsere Physiklehrbücher. Er bittet uns, die Bücher auf der zwölften Seite zu öffnen. Wir notieren die Formeln und Regeln in unseren Heften. Herr Steven erklärt uns das Thema. Wir hören aufmerksam. Das Unterricht dauert anderthalb Stunden. Dann verlasse ich den Hörsaal. Die Pause beginnt. Die Pause dauert fünfzehn Minuten. Dann ist die Geschichte. Ich muss auf die dritte Etage gehen. Dort ist der Raum für Geschichte. Ich gehe treppauf und dann in den Saal. Unser Lehrer heißt Herr Oliven. Er sitzt am Tisch und liest eine Zeitung. Eine große Landkarte hängt an der Tafel in

wisi duża mapa. Studenci wchodzą do sali i siadają na miejscach. Zaczyna się wykład. Nauczyciel patrzy na mapę. Opowiada nam historię Brukseli. Potem pisze temat na tablicy. Wykład trwa pół godziny. Potem wychodzimy z sali. Zaczyna się długa przerwa. Trwa trzydzieści minut. Wychodzę z uniwersytetu i idę do kawiarni. Idzie ze mną mój przyjaciel Mike. Kawiarnia jest blisko. Wchodzimy do kawiarni. Zamawiam pizzę i kawę. Spędzam z Mike'iem w kawiarni dwadzieścia minut. Potem płacę kelnerowi rachunek za obiad i wychodzę z kawiarni. Na trzeciej lekcji mamy biologię. Uwielbiam chodzić na wykłady z biologii. Nasz wykładowca pan Christin opowiada bardzo ciekawe rzeczy. Wykład trwa pół godziny. Potem idę do sali do angielskiego. Dobrze znam angielski. Mój dziadek i babcia mieszkają w Anglii. Często ich odwiedzam. Myślę, że po zajęciach pójdę do biblioteki. Jutro mam sprawdzian z geografii, więc muszę się dobrze przygotować. Szukam książki o oceanach świata. Muszę napisać

seinem Raum. Studenten kommen in den Saal und setzen sich auf ihre Plätze. Die Vorlesung fängt an. Der Lehrer schaut auf die Karte. Er erzählt uns die Geschichte der Stadt Brüssel. Dann schreibt er das Thema an die Tafel. Die Vorlesung dauert anderthalb Stunden. Wir gehen aus dem Saal. Die lange Pause fängt an. Sie dauert eine halbe Stunde. Ich gehe aus der Universität und in ein Café. Mein Freund Mike kommt mit. Das Café liegt in der Nähe. Wir kommen in das Café. Ich bestelle Pizza und Kaffee. Ich sitze mit Mike zwanzig Minute lang im Café. Dann bezahle ich den Kellner und gehe nach draußen. In der dritten Stunde haben wir Biologie. Ich liebe es, zu Biologievorlesungen zu gehen. Unser Lehrer Herr Christin erzählt sehr interessante Dinge. Die Vorlesung dauert anderthalb Stunden. Dann gehe ich zum Englischunterricht. Ich spreche Englisch gut. Meine Großeltern wohnen in England. Ich fahre oft dorthin, um sie zu besuchen. Ich denke daran, nach dem Unterricht in die Bibliothek zu gehen. Morgen habe ich einen Test in Geographie, ich muss mich also gut vorbereiten. Ich will ein Buch über die Ozeane der Welt ausleihen. Ich muss eine

sobie streszczenie. Biblioteka jest na naszym uniwersytecie. Znajduje się na czwartym piętrze. Wchodzę do biblioteki. Siedzi tam dużo studentów. Czytają i robią notatki. Jest już czwarta po południu. Jestem zmęczony. Chcę wypożyczyć książki do domu. Podchodzę do bibliotekarza. Proszę go o pokazanie mi książki na temat oceanów. Bibliotekarz pokazuje trzy książki. Postanawiam wziąć dwie z nich do domu. Biorę też czasopismo. Wypożyczam książki i czasopismo. Bibliotekarz mówi, że muszę je oddać w ciągu trzech tygodni. Zabieram książki i czasopismo i idę do domu.

Zusammenfassung schreiben. Die Bibliothek befindet sich in unserer Universität. Sie ist in der vierten Etage. Ich gehe in die Bibliothek. Viele Studenten sitzen dort. Sie lesen und machen Notizen. Es ist schon vier Uhr nachmittags. Ich bin müde. Ich will die Bücher nach Hause mitnehmen. Ich gehe zum Bibliothekar. Ich bitte ihn, mir ein Buch über die Ozeane zu zeigen. Der Bibliothekar zeigt mir drei Bücher. Ich schaue sie an. Ich entscheide mich, zwei Bücher mitzunehmen. Ich nehme auch eine Zeitschrift. Ich leihe die Bücher und die Zeitschrift aus. Der Bibliothekar sagt, dass ich die Bücher und die Zeitschrift in drei Wochen zurückgeben soll. Ich nehme die Bücher und die Zeitschrift und gehe nach Hause.

 C

Pytania i odpowiedzi

- Dokąd idziesz dzisiaj?
- Dzisiaj idę na uniwersytet.
- O której godzinie musisz tam być?
- Muszę tam być o wpół go dziewiątej.
- Dlaczego zakładasz lekkie

Fragen und Antworten

- Wohin gehst du heute?
- Ich gehe zur Universität.
- Wie spät musst du dort sein?
- Ich muss um halb neun dort sein.
- Warum nimmst du dünne

ubranie?

- Zakładam lekkie ubranie, bo na zewnątrz jest gorąco.

- Co jesz na śniadanie?

- Na śniadanie jem kanapkę i piję herbatę.

- Co zabierasz ze sobą na uniwersytet?

- Biorę zeszyt, długopis, ołówek, linijkę i podręcznik do historii.

- Czy idziesz na uniwersytet pieszo, czy jedziesz autobusem?

- Jadę na uniwersytet autobusem.

- Ile masz dzisiaj lekcji?

- Mam dzisiaj cztery lekcje.

- Jakich przedmiotów się uczysz?

- Fizyki, historii, biologii i angielskiego.

- Na które piętro musisz iść?

- Wchodzę po schodach na drugie piętro.

- Czy idziesz do dziekana?

- Nie, idę do auli, w której mamy fizykę.

- Ile minut zostało do początku zajęć?

- Zajęcia zaczynają się za dziesięć minut.

- Kto siedzi koło ciebie?

Kleidung?

- Ich nehme dünne Kleidung, weil es draußen heiß ist.

- Was isst du zum Frühstück?

- Ich esse ein belegtes Brot und trinke Tee zum Frühstück.

- Was nimmst du mit zur Universität?

- Ich nehme ein Heft, einen Kugelschreiber, einen Bleistift, ein Lineal und das Geschichtslehrbuch mit.

- Gehst du zur Universität zu Fuß oder fährst du mit dem Bus?

- Ich fahre mit dem Bus zur Universität.

- Wie viele Stunden Unterricht hast du heute?

- Heute habe ich vier Stunden.

- Welche Fächer studierst du?

- Physik, Geschichte, Biologie und Englisch.

- Zu welcher Etage musst du gehen?

- Ich gehe treppauf zur zweiten Etage.

- Gehst du zum Dekan?

- Nein, ich gehe in den Physikhörsaal.

- Wie viele Minuten bleiben noch zum Anfang des Unterrichts?

- Zehn Minuten bleiben noch zum Unterricht.

- Koło mnie siedzi mój przyjaciel Mike.
- Czy on ma dobre oceny?
- Tak, on uczy się bardzo dobrze.
- Jak ma na imię wasz wykładowca?
- On ma na imię pan Steven.
- Jak pan Steven zaczyna zajęcia?
- Pan Steven pisze temat na tablicy.
- Co rozdaje pan Steven?
- Pan Steven rozdaje nam podręczniki do fizyki.
- Na której stronie otwieracie podręczniki?
- Otwieramy podręczniki na dwunastej stronie.
- Co zapisujecie w zeszytach?
- Zapisujemy w zeszytach formuły i zasady.
- Czy słuchacie uważnie, co mówi pan Steven?
- Tak, słuchamy go bardzo uważnie.
- Jak długo trwają zajęcia?
- Zajęcia trwają półtorej godziny.
- Ile trwa przerwa?
- Przerwa trwa piętnaście minut.
- Na którym piętrze jest sala do historii?
- Sala do historii jest na trzecim

- Wer sitzt neben dir?
- Mein Freund Mike sitzt neben mir.
- Hat er gute Noten?
- Ja, er hat sehr gute Noten.
- Wie heißt dein Lehrer?
- Sein Name ist Herr Steven.
- Wie beginnt Herr Steven die Unterricht?
- Er schreibt das Thema an die Tafel.
- Was gibt Herr Steven aus?
- Er gibt Physiklehrbücher aus.
- Auf welcher Seite öffnet ihr das Buch?
- Wir öffnen das Buch auf der zwölften Seite.
- Was notiert ihr in euren Heften?
- Wir notieren Formeln und Regeln in unseren Heften.
- Hört ihr Herrn Steven aufmerksam zu?
- Ja, wir hören ihm aufmerksam zu.
- Wie lange dauert das Unterricht?
- Das Unterricht dauert anderthalb Stunden.
- Wie lang ist die Pause?
- Die Pause dauert fünfzehn Minuten.
- Auf welcher Etage ist der Raum für Geschichtsunterricht?

piętrze.
- Jak na imię wasz wykładowca?
- Nasz wykładowca ma na imię pan Oliven.
- Co on robi w czasie przerwy?
- Siedzi przy biurku i czyta gazetę.
- Co wisi na tablicy w sali do historii?
- Na tablicy wisi duża mapa.
- O czym opowiada wam wykładowca?
- Opowiada nam historię Brukseli.
- Ile trwa duża przerwa?
- Trwa trzydzieści minut.
- Kto idzie z tobą do kawiarni?
- Idzie ze mną mój przyjaciel Mike.
- Czy kawiarnia jest daleko?
- Nie, jest obok uniwersytetu.
- Co zamawiasz?
- Zamawiam pizzę i kawę.
- Jak długo siedzicie w kawiarni?
- Siedzę razem z Mike'iem w kawiarni przez dwadzieścia minut.
- Komu płacisz rachunek za obiad?
- Płacę rachunek za obiad kelnerowi.
- Czy lubisz zajęcia z biologii?
- Tak, lubię chodzić na zajęcia z biologii.

- Der Raum ist in der dritten Etage.
- Wie heißt euer Lehrer?
- Sein Name ist Herr Oliven.
- Was macht er während der Pause?
- Er sitzt am Tisch und liest eine Zeitung.
- Was hängt an der Tafel im Raum für den Geschichtsunterricht?
- Eine große Landkarte hängt an der Tafel.
- Worüber spricht der Lehrer?
- Er erzählt die Geschichte der Stadt Brüssel.
- Wie lange dauert die große Pause?
- Sie dauert dreißig Minuten.
- Wer geht mit dir ins Café?
- Mein Freund Mike geht mit.
- Ist das Café weit?
- Nein, es ist nah.
- Was bestellst du?
- Ich bestelle Pizza und Kaffee.
- Wie lange sitzt ihr im Café?
- Ich sitze mit Mike zwanzig Minuten lang im Café.
- Wen bezahlst du für das Essen?
- Ich bezahle den Kellner.
- Magst du Biologieunterricht?
- Ja, ich mag es, zum Biologieunterricht zu gehen.

- Czy wasz wykładowca ma na imię pan Christin?
- Tak, on ma na imię pan Christin.
- Czy on opowiada w ciekawy sposób?
- Tak, nasz wykładowca pan Christin umie bardzo ciekawie przedstawić temat.
- Czy mówisz po angielsku?
- Tak, znam angielski.
- Gdzie są twój dziadek i babcia?
- Mój dziadek i babcia mieszkają w Anglii.
- Czy odwiedzasz ich tam?
- Tak, często jeżdżę do Anglii, żeby ich odwiedzić.
- Dokąd chcesz iść po zajęciach?
- Myślę, że po zajęciach pójdę do biblioteki.
- Z jakiego przedmiotu masz jutro sprawdzian?
- Jutro mam sprawdzian z geografii.
- Czy musisz się do niego przygotować?
- Tak, muszę się dobrze przygotować.
- Jakie książki chcesz wypożyczyć z biblioteki?
- Chcę wypożyczyć książkę o oceanach świata.

- Heißt dein Lehrer Herr Christin?
- Ja, er heißt Herr Christin.
- Erzählt er alles auf eine interessante Art?
- Ja, unser Lehrer Herr Christin macht alles sehr interessant.
- Sprichst du Englisch?
- Ja, ich spreche Englisch.
- Wo sind deine Großeltern?
- Meine Großeltern wohnen in England.
- Besuchst du sie?
- Ja, ich besuche sie oft.
- Wohin willst du nach dem Unterricht gehen?
- Ich denke daran, in die Bibliothek zu gehen.
- In welchem Fach hast du morgen einen Test?
- Morgen habe ich einen Test in Geographie.
- Musst du dich vorbereiten?
- Ja, ich muss mich gut vorbereiten.
- Welche Bücher musst du aus der Bibliothek verleihen?
- Ich brauche ein Buch über die Ozeane der Welt.

- Dlaczego potrzebujesz książki?
- Chcę wypisać sobie streszczenie.
- Gdzie jest biblioteka?
- Biblioteka jest na naszym uniwersytecie na czwartym piętrze.
- Jak dużo studentów jest w bibliotece?
- W bibliotece siedzi dużo studentów.
- Co oni robią?
- Czytają i robią notatki.
- Czy bierzesz książkę i siadasz, żeby wypisać streszczenie w bibliotece?
- Nie, jestem zmęczony, więc chcę wziąć książki do domu.
- O co prosisz bibliotekarza?
- Proszę, żeby pokazał mi książkę o oceanach.
- Ile książek postanawiasz wziąć do domu?
- Postanawiam wziąć do domu dwie ksiązki.
- Czy bierzesz też czasopismo?
- Tak, biorę jeszcze czasopismo.
- Kiedy musisz oddać książki i czasopismo?
- Bibliotekarz mówi, że muszę oddać książki i czasopismo w ciągu dwóch tygodni.

- Wofür brauchst du diese Bücher?
- Ich muss eine Zusammenfassung schreiben.
- Wo ist die Bibliothek?
- Die Bibliothek befindet sich in unserer Universität auf der vierten Etage.
- Wie viele Studenten gibt es in der Bibliothek?
- Es gibt viele Studenten in der Bibliothek.
- Was machen sie?
- Sie lesen und machen Notizen.
- Nimmst du ein Buch und setzst du dich, um eine Zusammenfassung zu schreiben?
- Nein, ich bin müde, also will ich die Bücher nach Hause mitnehmen.
- Worum bittest du den Bibliothekar?
- Ich bitte ihn, mir ein Buch über die Ozeane zu zeigen.
- Wie viele Bücher willst du nach Hause mitnehmen?
- Ich entscheide mich, zwei Bücher mitzunehmen.
- Nimmst du auch eine Zeitschrift?
- Ja, ich nehme auch eine Zeitschrift.
- Wann musst du die Bücher und die Zeitschrift zurückgeben?
- Der Bibliothekar sagt, ich muss die Bücher und die Zeitschrift in drei Wochen zurückgeben.

15

Die Audiodatei

Jack chce znaleźć pracę na część etatu

Jack will eine Teilzeitarbeit finden

A

Słówka

1. aktywny - aktiv
2. biegle - fließend
3. chcieć, pragnąć - wünschen
4. cześć - tschüß, hallo
5. człowiek - die Person, der Mensch
6. doświadczenie - die Erfahrung
7. dziewczyna - das Mädchen
8. dziękuję - danke
9. fizyczna praca - die Handarbeit
10. formularz, kwestionariusz - der Fragebogen
11. Holender - der Niederländer
12. holenderski, niderlandzki - niederländisch
13. imię - der Name
14. ładowacz, magazynier - der Transportarbeiter, der Lader
15. męski - männlich
16. nazwisko - der Familienname
17. nieść - tragen
18. obiecać - versprechen
19. oferować, proponować - anbieten
20. osobowy - persönlich
21. pełny - voll

22. praca na część etatu - die Teilzeitarbeit
23. prawa - die Rechte
24. prawo jazdy - Führerschein
25. pukać - klopfen
26. reklama - die Werbung
27. roboczy - Arbeits-
28. rodzinny - Familien-
29. stan - der Stand
30. szef - der Leiter, der Chef
31. telefon - das Telefon
32. towarzyski - gesellig
33. umiejętność - die Fertigkeit, die Kenntnis
34. wcześniej - früher
35. wiek - der Alter
36. wykształcenie - die Ausbildung
37. wypełniać - ausfüllen
38. wypełniony - ausgefüllt
39. zarabiać - verdienen
40. zatrudnienie - die Anstellung
41. zostać - werden
42. żonaty / zamężna - verheiratet (ein Mann / eine Frau)

Przełam lody
Brich das Eis

Mały Robert bawi się na placu zabaw.

Der kleine Robert spielt auf dem Spielplatz.

„Robert, chodź do domu!" woła go mama. Robert patrzy w górę na

„Robert, komm nach Hause!" ruft seine Mutter. Robert sieht zu seiner

swoją mamę.

„Czy jestem zmęczony?” pyta swoją mamę.

„Nie, kochanie”, odpowiada mama Roberta.

„Czy jest mi zimno?” pyta ponownie.

„Nie, kochanie. Jesteś głodny”, mówi mama.

„Dobrze, mamo! Już idę!” mówi radośnie Robert i szybko biegnie do domu.

Mutter auf.

„Bin ich müde?“ fragt er seine Mutter.

„Nein, Lieber“, antwortet Roberts Mutter.

„Ist mir kalt?“ fragt er wieder.

„Nein, Schatz. Du hast Hunger“, sagt die Mutter.

„Okay, Mama! Ich komme!“ sagt Robert glücklich und rennt schnell nach Hause.

B

Jackowi brakuje pieniędzy. Chce znaleźć pracę na część etatu. Ma czas po zajęciach na uniwersytecie. Jego przyjaciel Mike pracuje po zajęciach jako magazynier w supermarkecie. Mike zarabia trzydzieści euro dziennie. Jack pyta Mike'a, jak on znalazł pracę. Mike mówi Jackowi, że poszedł do biura pośrednictwa pracy. Tam zaproponowano mu tę pracę. Mike daje Jackowi adres biura. Jack postanawia też tam pójść. Biuro leży w centrum miasta. Jack dojeżdża tam metrem. Szybko znajduje biuro. Przy wejściu wisi

Jack hat wenig Geld. Er will eine Teilzeitarbeit finden. Er hat Freizeit nach dem Unterricht. Sein Freund Mike arbeitet als Lader in einem Supermarkt nach der Universität. Mike verdient dreißig Euro pro Tag. Jack fragt Mike, wie er diese Arbeit gefunden hat. Mike sagt Jack, dass es bei der Arbeitsagentur gewesen ist. Dort wurde ihm die Arbeit angeboten. Mike gibt Jack die Adresse der Agentur. Jack entscheidet sich, zur Arbeitsagentur zu gehen. Die Agentur befindet sich im Zentrum. Jack fährt dorthin mit der U-Bahn. Er findet das Büro schnell. Am Eingang hängen viele

dużo ogłoszeń o pracy dla studentów. Jack wchodzi do środka. Widzi tam długą kolejkę. To ludzie, którzy też szukają pracy. Stoją przy stanowisku. Ludzie biorą formularze na dane osobowe. Jack staje w kolejce. Po piętnastu minutach jest jego kolej.

„Dzień dobry, mam na imię Lisa", mówi do Jacka dziewczyna przy biurku.

„Dzień dobry. Miło cię poznać. Jestem Jack", mówi Jack.

„Czy szukasz pracy?", pyta go dziewczyna.

„Tak", odpowiada Jack.

„Czy chcesz pracować na pełny etat czy na część etatu", pyta dziewczyna.

"Jestem studentem i chciałbym pracować po zajęciach", odpowiada Jack.

„Weź i wypełnij formularz dla studentów. Kiedy wypełnisz formularz, zanieś go szefowej oddziału", mówi dziewczyna i podaje mu formularz.

„Dziękuję", mówi Jack i bierze

Anzeigen für Studentenarbeit. Jack kommt hinein. Dort sieht er eine lange Schlange. Es sind Leute, die auch eine Arbeit finden wollen. Sie stehen neben dem Schalter. Die Menschen nehmen Personalfragebogen mit. Jack stellt sich an das Ende der Schlange. In fünfzehn Minuten ist er an der Reihe.

„Hallo, ich bin Lisa", sagt das Mädchen im Schalter zu Jack.

„Hallo, ich bin Jack", sagt Jack.

„Suchst du eine Arbeit?", fragt ihn das Mädchen.

„Ja", antwortet Jack.

„Willst du eine Vollzeitarbeit oder eine Teilzeitarbeit?", fragt das Mädchen.

„Ich studiere und will nach dem Unterricht arbeiten", sagt Jack.

„Nimm, bitte, den Fragebogen für Studenten und fülle ihn aus. Wenn der Fragebogen ausgefüllt ist, gib ihn der Abteilungschefin", sagt das Mädchen und gibt ihm einen Fragebogen.

„Danke", sagt Jack und nimmt den Fragebogen.

formularz.

Jack bierze długopis i wypełnia formularz.

Imię - Jack

Nazwisko - Stroman

Płeć - męska

Wiek - dziewiętnaście lat

Obywatelstwo - holenderskie

Stan rodzinny - kawaler

Wykształcenie - Studiuję na Uniwersytecie Technologii i Wzornictwa.

Wcześniejsza praca - Wcześniej nigdzie nie pracowałem.

Jakie ma Pan(i) zdolności i doświadczenie? - Jestem osobą aktywną i towarzyską. Mogę wykonywać pracę fizyczną. Mogę też pracować przy komputerze.

Języki (0 - brak znajomości, 10 - biegle) - angielski 7, niemiecki 10, niderlandzki 10

Prawo jazdy - brak

Oczekiwania co do zarobków - 30-40 euro dziennie

Numer telefonu - +3456787487

Jack bierze formularz i idzie

Jack nimmt einen Kugelschreiber und füllt den Fragebogen aus.

Name - Jack

Familienname - Stroman

Geschlecht - männlich

Alter - neunzehn Jahre alt

Staatsangehörigkeit - niederländisch

Familienstand - ledig

Ausbildung - Ich studiere an der Universität für Technologie und Design.

Frühere Arbeit - Ich habe nicht gearbeitet.

Welche Kenntnisse und Erfahrungen haben Sie? - Ich bin eine aktive und gesellige Person. Ich kann manuelle Arbeiten machen. Ich kann auch mit dem Computer arbeiten.

Sprachen (0 - nicht, 10 - fließend) - Englisch - 7, Deutsch - 10, Niederländisch - 10

Führerschein - nein

Lohnerwartung - 30-40 Euro pro Tag

Telefonnummer - +3456787487

Jack nimmt den Fragebogen und

do biura szefowej oddziału. Puka i wchodzi do środka.

„Dzień dobry, mam na imię Jack. Powiedziano mi, żebym dał szefowej oddziału mój formularz", mówi Jack do kobiety siedzącej przy biurku.

„Dzień dobry, nazywam się Eva Steg. Jestem szefową oddziału. Może pan mi dać swój formularz."

„Proszę bardzo", mówi Jack i podaje swój formularz. „Kiedy mogę się spodziewać pracy?"

„Zadzwonimy do pana, kiedy znajdziemy dla pana pracę."

geht zum Büro der Abteilungschefin. Er klopft und tritt ein.

„Guten Tag, ich heiße Jack. Man hat mir gesagt, meinen Fragebogen der Abteilungschefin abzugeben", sagt Jack zu der Frau, die am Schreibtisch sitzt.

„Guten Tag, ich heiße Eva Steg. Ich bin die Abteilungschefin. Bitte geben sie mir den Fragebogen", sie antwortet.

„Bitte", sagt Jack und gibt ihr seinen Fragebogen. "Wann kann ich eine Arbeit erwarten?"

„Wir werden Sie anrufen, wenn wir für Sie eine Arbeit finden," sie sagt.

C

Pytania i odpowiedzi

- Czy Jack ma dużo pieniędzy?

- Nie, Jack ma mało pieniędzy.

- Czy Jack chce znaleźć pracę?

- Tak, chce zarabiać pieniądze.

- Czy ma czas pracować na część etatu?

- Tak, ma czas po zajęciach na uniwersytecie.

Fragen und Antworten

- Hat Jack viel Geld?

- Nein, Jack hat wenig Geld.

- Will Jack eine Arbeit finden?

- Ja, er will Geld verdienen.

- Hat er Zeit für eine Teilzeitarbeit?

- Ja, er hat Zeit nach dem Unterricht.

- Co robi jego przyjaciel Mike?

- Mike pracuje jako magazynier w supermarkecie po zajęciach.

- Ile zarabia Mike?

- Mike zarabia trzydzieści euro dziennie.

- Czy Jack pyta Mike'a, jak on znalazł pracę?

- Tak, Mike daje Jackowi adres biura pośrednictwa pracy.

- Gdzie jest to biuro?

- Biuro znajduje się w centrum miasta.

- Czy Jack jedzie tam autobusem?

- Nie, Jack jedzie metrem.

- Co Jack widzi przy wejściu do biura?

- Przy wejściu wisi dużo ogłoszeń o pracy dla studentów.

- Czy w biurze jest dużo ludzi?

- Tak, Jack widzi tam długą kolejkę.

- Kim są ci ludzie?

- To ludzie, którzy też szukają pracy.

- Co biorą ludzie?

- Ludzie biorą formularze na dane

- Was macht sein Freund Mike?

- Er arbeitet als Packer in einem Supermarkt nach dem Unterricht.

- Wie viel Geld verdient Mike?

- Er verdient dreißig Euro pro Tag.

- Fragt Jack seinen Freund, wo er die Arbeit gefunden hat?

- Ja, Mike gibt Jack die Adresse der Arbeitsagentur.

- Wo ist die Agentur?

- Die Agentur befindet sich im Zentrum.

- Fährt Jack dorthin mit dem Bus?

- Nein, Jack fährt mit der U-Bahn dorthin.

- Was sieht Jack am Eingang zur Agentur?

- Viele Anzeigen für Studentenarbeit hängen am Eingang.

- Gibt es viele Leute in der Agentur?

- Ja, er sieht eine lange Schlange.

- Wer sind diese Leute?

- Es sind Leute, die auch eine Arbeit suchen.

- Was nehmen die Leute?

osobowe.

- Jak długo Jack stoi w kolejce?

- Jack stoi w kolejce przez piętnaście minut.

- Czy Jack chce pracować na pełny etat czy na część etatu?

- Jack jest studentem i chce pracować po zajęciach.

- Komu Jack daje wypełniony formularz?

- Jack daje formularz szefowej oddziału.

- Jak szybko Jack może dostać pracę?

- W biurze obiecano mu, że zadzwonią do niego, kiedy znajdą dla niego pracę.

- Die Leute nehmen Personalfragebogen.

- Wie lange wartet Jack?

- Jack steht Schlange für fünfzehn Minuten.

- Will Jack Vollzeit arbeiten oder such er eine Teilzeitarbeit?

- Jack studiert und will nach dem Unterricht arbeiten.

- Wem gibt Jack den ausgefüllten Fragebogen?

- Er gibt den Fragebogen der Abteilungschefin.

- Wie schnell kann Jack eine Arbeit erwarten?

- Die Abteilungschefin verspricht, ihn anzurufen, wenn sie eine Arbeit für ihn finden.

Wörterbuch Polnisch-Deutsch

adres - die Addresse
agent, przedstawiciel - der Vertreter, der Agent
aktywny - aktiv
albo, lub - oder
ale - aber
alejka (w sklepie), dział - die Abteilung
alkoholowy - Alkohol-
ananas - die Ananas
Angielka - die Engländerin
angielski - englisch
Anglia - Egland
apteka - die Apotheke
autobus - der Bus
autoserwis, serwis samochodowy - der Autoservice
autostrada - die Autobahn
babcia - die Oma, die alte Frau
bagaż - das Gepäck
banan - die Banane
bank - die Bank
bankowy - Bank-
bar - die Bar, die Gaststätte
bardzo - sehr
bez - ohne
beżowy - beigefarben, beige, sandfarbig
biały - weiß
biblioteka - die Bibliothek, die Bücherei
bibliotekarz - der Bibliothekar
biegać - laufen
biegle - fließend
bielizna - die Wäsche
bilet - die Fahrkarte
biologia - die Biologie
biuro - die Agentur, das Büro
blender - der Blender
bo, ponieważ - weil
brać - nehmen
brat - der Bruder
brązowy - braun
brudny - schmutzig
Bruksela - Brüssel
brzeg - das Ufer
brzoskwinia - der Pfirsich
bułka, bułeczka - das Brötchen
bulwar - der Boulevard
butelka - die Flasche
być - sein
być chorym - krank sein
być leczonym, leczyć się - behandelt werden
być może - vielleicht
cała - ganze
cena, koszt - der Preis, die Kosten (pl.)
centralny - zentrale
centrum - das Zentrum
chcieć, pragnąć - wollen, wünschen
chipsy - die Chips
chleb - das Brot
chłodno, zimno - kalt, kühl
chłodny, zimny - kühl
chodnik - der Bürgersteig, der Fußweg
chodzić - gehen
chwytać - greifen
ciąć - schneiden
ciastko, ciasteczko - der Keks, das Törtchen
cicho - still, leise
cichy - still
ciekawie - interessant
ciekawy - interessant
ciemno - dunkel
ciepły - warm

co - was
coś - etwas
cukier - der Zucker
cytryna - die Zitrone
czajnik - der Teekessel
czarny - schwarz
czas - die Zeit
czasami - manchmal
czasopismo - die Zeitschrift
czekać - warten
czerwony - rot
cześć, hej - Tschüß, Hallo
często - oft
człowiek - die Person, der Mensch
czterdzieści - vierzig
cztery - vier
czuć - fühlen
czwarty - vierter
czy - ob
czyj - wessen
czyścić - reinigen, sauber machen
czysty - sauber
czytać - lesen
dać, dawać - geben
dach - das Dach
dalej - weiter
daleko - weit
dane - die Angaben
danie - die Speise, das Gericht
decyzja, wybór - der Entschluss, die Entscheidung
dentysta - der Zahnarzt
deser - das Dessert, der Nachtisch
deszcz - der Regen
detektyw - der Detektiv
dla - für
dlaczego - warum
dlatego - deshalb
długo - lange
do domu - nach Hause
do, ku - bis, zu, nach
dobry - gut
dobrze - gut
docierać - erreichen
dodawać - (hin)zufügen
dokąd - wohin
dom - das Haus
doradca - der Berater
dostać - bekommen
doświadczenie - die Erfahrung
drewiany, z drewna - hölzern, Holz-
droga - der Weg
drogi, drogo - teuer
drugi - zweiter
drzewo - der Baum
drzwi - die Tür
duży - groß
duży pokój - das Wohnzimmer
dwa - zwei
dwadzieścia - zwanzig
dwanaście - zwölf
dworzec - die Station, der Bahnhof
dwunasty - zwölfter
dywan - der Teppich
dywanik - der Läufer, der Bettvorleger
dziadek - der Opa, der alte Mann
działać - fungieren
działka, parcela - die Parzelle
dziecięcy - Kinder-
dziecko - das Kind
dziekanat - das Dekanat
dziękuję - danke
dzień - der Tag
dziesięć - zehn
dziewczyna - das Mädchen
dziewięć - neun
dziewiętnaście - neunzehn
dzisiaj, dziś - heute
dzwonek - die Klingel
egzamin, sprawdzian - die Prüfung

ekspres do kawy - die Kaffeemaschine
euro - Euro
film - der Film
fizyczna praca - die Handarbeit
fizyka - die Physik
fontanna - der Springbrunnen, die Fontäne
formuł(k)a - die Formel
formularz, kwestionariusz - der Fragebogen
fotel - der Sessel
fotografować, robić zdjęcia - fotografieren
francuski - französisch
garaż - die Garage
garnek - die Kasserolle, der (Koch)topf
gaz - das Gas
gazeta - die Zeitung
gdzie - wo
geografia - die Geographie
głośny - laut
go, jego - ihn, sein
godzina - die Stunde
góra - der Berg
gorąco, gorący - heiß
gość - der Gast
gospodarz, właściciel - der Wirt
gotówka - das Bargeld
gotowy - fertig
gra - das Spiel
grać, bawić się - spielen
grzać - aufwärmen
grzyb - der Pilz
guma - der Gummi
hamburger - der Hamburger
herbata - der Tee
historia - die Geschichte
Hiszpan - der Spanier
Holender - der Niederländer
holenderski, niderlandzki - niederländisch
hotel - das Hotel
i - und
ile - wieviel
ile lat - wie viele Jahre
imię - der Name
informacja - die Auskunft
inny - andere(r/s)
iść - gehen
ja - ich
jabłko - der Apfel
jadalnia - das Speisezimmer
jajko - das Ei
jak - wie
jaki - welche(r/s), was für ein(e)
jakiś - irgendwelcher
jasno, jasny - hell
jechać - fahren
jeden - ein
jednak - doch
jednoosobowy, pojedynczy - Einpersonen-
jedzenie - das Essen
jeść - essen
jeść obiad - zu Mittag essen
jeść śniadanie - frühstücken, Frühstück essen
jest - es gibt
jeszcze - mehr, noch
jeździć - fahren
jezioro - der See
język - die Sprache, die Zunge
jutro - morgen
już - schon
kanapa - das Sofa
kanapka - das belegte Brot, die Schnitte
kapusta - der Kohl
kasa - die Kasse
kasjer - der Kassierer

kąt - die Ecke
kawa - der Kaffee
kawałek, kawałeczek - ein Stückchen
kawiarnia - das Café
każdy - jeder
kelner - der Kellner
kiedy - wann, als
kiedyś - irgendwann
kiełbasa - die Wurst
kierowca - der Fahrer
kierunek - die Richtung
kino - das Kino
kiosk - der Kiosk
kłaść - legen
klatka schodowa - das Treppenhaus
klinika - die Klinik
klub - der Klub
klucz - der Schlüssel
kobieta - die Frau
kochać - lieben
kolejka - die Schlange
koło, obok, przy - bei, an, nah, in der Nähe, neben
kolor, barwa - die Farbe
komedia - die Komödie
kominek - der Kamin
komputer - der Computer
kontynuować - weitermachen
korek - der Stau
korytarz, przedpokój - der Flur
kosz - der Korb
kosztować - kosten
koszykówka - der Basketball
kot - die Katze
kraj - das Land
kran, kurek - der Wasserhahn
kreda - die Kreide
krzesło - der Stuhl
książka - das Buch
książkowy - Buch-
kto - wer
który - welcher
ktoś - jemand
kubek, filiżanka - die Tasse
kuchenka - der Herd
kuchenny - Küchen-
kuchnia - die Küche
kupić - kaufen
kupować - kaufen
kura, kurczak - das Hühnchen
kury, kurczaki - die Hühner
kwiat - die Blume
ładowacz, magazynier - der Transportarbeiter, der Lader
lampa - die Lampe
laptop - der Laptop
lat - Jahre
łazienka - das Badezimmer, das Bad
lecieć - fliegen
leczenie - die Behandlung
lekarz - der Arzt
lekcja, zajęcia - das Unterricht
lekki - leicht
lepiej - besser
leżeć - liegen
linijka - das Lineal
litr - der Liter
lodówka - der Kühlschrank
lody - das Eis
lokum, mieszkanie - das Lokum
londyński - Londoner
łosoś - der Lachs
lot - der Flug
lotnisko - der Flughafen
łóżko - das Bett
ludzie - die Leute
lustro - der Spiegel
łyżka, łyżeczka - der Löffel
makaron, kluski - die Nudeln

mało, niewiele - wenig
mały - klein
mama - die Mutti
mapa - die (Land)karte
marchew - die Karotte
maszyna - die Maschine
meble - die Möbel
mechanik - der Mechaniker
mecz piłkarski - das Fußballspiel
męski - männlich
metalowy, z metalu - metallen, Metall-
metro - die U-Bahn
mężczyzna - der Mann
miasto - die Stadt
mieć - haben
między - zwischen
miejsce - der Ort, der Platz
miękki - weich
miesiąc - der Monat
mięso - das Fleisch
mieszkanie - de Wohnung
mijać, upływać - vergehen
mikrofalówka - die Mikrowelle
mikser - der Mixer
milcząco, w ciszy, po cichu - schweigend
miłość - die Liebe
minibus, busik - der Minibus
minuta - die Minute
miód - der Honig
mleko - die Milch
móc - können
mój - mein
moja - meine
morze - die See, das Meer
most - die Brücke
motor, motocykl - das Motorrad
mówić - sprechen
można - möglich
muzeum - das Museum
my - wir
myć się - sich waschen
myć, prać - waschen
mycie - das Waschen
mydło - die Seife
myśleć - denken
na - auf
na zewnątrz - draußen
naczynia - das Geschirr
nad - über, oberhalb
nalewać - (ein)giessen
napój - das Getränk
naprzeciw - entgegen
naprzeciwko - gegenüber
narodowość - die Nationalität
narodowy - national
nas - uns
następny - nächster
nasypać - schütten
nasz - unser
nazwisko - der Familienname
Neapol - Neapel
nie - nicht
nie ma - es gibt kein(e/en)
niebieski - blau
niedaleko - nicht weit
niedawno - letztens, kürzlich
niedługo - bald
niedrogi - nicht teuer, preisgünstig
nieduży - nicht groß
niedziela - der Sonntag
niemiecki - deutsch
nienowy - nicht neu
nieruchomość - die Immobilie, das Grundbesitz
nieść - tragen
niewysoki - nich groß
nigdy - nie(mals)
nowy - neu
nóż - das Messer
numer - die Nummer

o - über
obciąć - abschneiden
obiad - das Mittagsessen
obiecać - versprechen
obok - vorbei, neben
obraz(ek) - das Bild
obrus - das Tischtuch
ocean - der Ozean
oczywiście - natürlich
od początku - vom Anfang an
od razu, natychmiast, z góry - sofort, auf der Stelle
oddać - (zurück)geben
oddawać - zurückgeben, abgeben
odjechać - wegfahren
odmawiać - absagen
odpoczywać - sich ausruhen, sich erholen
odpowiadać - antworten
odpowiedni - geeignet, passend
odprowadzać, towarzyszyć - begleiten
odrzucić - ablehnen
odżywiać - ernähern
oferować, proponować - anbieten
oglądać, patrzeć - anschauen
ogłoszenie - die Anzeige
ogórek - die Gurke
ogród - der Garten
ojciec - der Vater
okno - das Fenster
około - ungefähr
okrągły - rund
okulary - die Brille
ołówek - der Bleistift
omawiać, rozmawiać o czymś - besprechen
on/ona/ono - er/sie/es
oni - sie (Pl.)
opakowanie - das Paket
opowiedzieć - sagen
osiem - acht
osiemnaście - achtzehn
osiemset - achthundert
osobowy - persönlich
otwierać - öffnen, aufmachen
owoce - das Obst
paczka - das Päckchen
palić się, płonąć - brennen
papier - Papier
para - das Paar
park - der Park
parzyć (herbatę) - (Tee) ziehen
paszport - der Pass
pełny - voll
piątek - Freitag
pić - trinken
pięć - fünf
piękny, ładny - schön
pieniądze - das Geld
pierwszy - erster
pies - der Hund
pieszo - zu Fuß
piętnaście - fünfzehn
piętro - die Etage
piłka nożna - der Fußball
piłkarz - der Fußballspieler
pisać - schreiben
pisarka - die Schriftstellerin
pizza - die Pizza
plac - der Platz
płacić - (be)zahlen
płakać - weinen
plastikowy, z plastiku - Kunststoff-, aus Kunststoff
płatki (śniadaniowe) - die Flocken
plaża - der Strand
pływać - schwimmen
po angielsku - auf Englisch
po francusku - auf Französisch
po hiszpańsku - auf Spanisch
po lewej (stronie) - links

po niemiecku - auf Deutsch
po prawej (stronie) - rechts
po, wzdłuż - nach, über
pociąg - der Zug
początek - der Anfang
poczta - das Postamt
pod - unter
podchodzić, zbliżać się - herangehen, sich nähern
podłoga - das Fußboden
podobać się - gefallen
podręcznik - das Lehrbuch
podróżować - reisen
poduszka - das Kissen
pogoda - der Wetter
pójść - gehen
pokazać - zeigen
pokój - das Zimmer; der Frieden
policja - die Polizei
policjant - der Polizist
polietylenowy, foliowy - Polyethylen-
półka - das Regal
połowa - die Hälfte
położyć - legen
półtora - anderthalb
pomagać - helfen
pomarańcza - die Orange
pomarańczowy - Orangen-
pomidor - die Tomate
pomnik - das Denkmal
portmonetka - die Geldtasche
postanawiać, decydować - entscheiden
potem - dann
potrzeba - nötig
potrzebny, niezbędny - nötig, notwendig
potrzebować - brauchen
powiedzieć - sagen
powinien - sollen
poznać - kennenlernen
prać - waschen
praca - die Arbeit
praca na część etatu - die Teilzeitarbeit
pracować - arbeiten
pralnia - die (Selbstbedienungs)Wäscherei
prawa - die Rechte
prawnik - der (Rechts)anwalt
prawo jazdy - Führerschein
profesjonalny, zawodowy - professionell
proponować - vorschlagen
propozycja - der Vorschlag
prosić - bitten
prosto, na wprost - geradeaus
prowadzić - führen, leiten
prysznic - die Dusche
przedmieście - der Vorort, die Vorstadt
przedmiot - das Fach; das Ding
przejazd - die Fahrt
przeprowadać się - umziehen
przerwa - die Pause
przestronny - geräumig
przez - über, (z.B. eine Stunde) lang
przygoda - das Abenteuer
przygotowywać się - sich vorbereiten
przyjaciel - der Freund
przyjaciółka - die Freundin
przyrządzać - zubereiten
przystanek - die Haltestelle
przytulnie, przytulny - gemütlich
ptak - der Vogel
pukać - klopfen
purpurowy - purpurrot
pusty - leer
pytać - fragen

rachunek - die Rechnung
radio - der Rundfunk, das Radioapparat
rano, ranek - der Morgen
raz (dwa razy itd.) - einmal (zweimal etc.)
razem - zusammen, gemeinsam
ręcznik - das Handtuch
regał - das Bücherschrank
ręka - die Hand
reklama - die Werbung
remont - die Renovierung
restauracja - das Restaurant
robić - machen
roboczy - Arbeits-
robotnik, pracownik - der Arbeiter
rodzice - die Eltern
rodzina - die Familie
rodzinny - Familien-
rok - das Jahr
rosnąć - wachsen
róża - die Rose
rozgrzać się - sich erwärmen
rozmawiać, gadać - sprechen, plaudern, reden, sich unterhalten
różny - verschieden
ruszać się - sich bewegen
ryba - der Fisch
ryż - der Reis
rzecz, przedmiot - das Ding
rzeka - der Fluß
sala, aula - der Saal, die Halle, der Hörsaal
samochód, auto - das Auto, der Wagen
samolot - das Flugzeug
sąsiad - der Nachbar
schodek - die (Treppen)Stufe
ściana - die Wand
sedes, toaleta - die Toilette
ser - der Käse
serwetka - die Serviette, das Mundtuch
siadać - sich setzen
siedem - sieben
siedzieć - sitzen
sięgać - greifen
sięgnąć - bekommen, nach etwas greifen
siostra - die Schwester
skąd - woher
sklep - das Geschäft, der Laden
sklep spożywczy - das Lebensmittelgeschäft
skórzany, ze skóry - ledern, Leder-
skrzynka - die Schachtel, die Kiste
słodki - süß
słońce - die Sonne
słuchać - hören
smaczny, pyszny - lecker
śmiać się - lachen
śmieci - der Müll, der Abfall
śmieszny - lustig
śmietana - die Sahne
śniadanie - das Frühstück
sobota - der Samstag
sok - der Saft
spacerować - spazieren gehen
spędzać czas - Zeit verbringen
spokojnie - ruhig
spotkać - treffen
sprzątać - aufräumen
sprzedawać - verkaufen
sprzedawać się - verkauft werden
stać - stehen
stan - der Stand
starać się - sich bemühen
staranny - sorgfältig
starczać - genug sein
starszy - älter
stary - alt
statek - das Schiff

stawiać - stellen
stół - der Tisch
stolik - das Tischlein
straszny, groźny - schrecklich, fürchterlich
streszczenie - die Zusammenfassung, das Resümee
strona - die Seite
student - der Student
sufit - die Decke
supermarket - der Supermarkt
surowy - roh
suszarka - der Trockner, der Fön (für die Haar)
świat - die Welt
światła drogowe - die Ampel
światło - das Licht
świecić - leuchten, scheinen
swój - mein, dein etc. (eigen)
sypać - schütten
sypialny - Schlaf-
szafa, szafka, regał - der Schrank
szary - grau
szczotka - die Bürste
szef - der Leiter, der Chef
Szekspir - Shakespeare
sześć - sechs
szklanka - das Glas
szklany, ze szkła - Glas-, gläsern
szkoła - die Schule
sztuka - das Stück
szuflada - die Schublade
szukać - suchen
szybko - schnell
ta - diese (Sing.Fem.)
tak - so, ja
taksówka - das Taxi
talerz - der Teller
tam - dort(hin)
tamto - jenes
tata - der Papa
te - diese (Pl.)
teatr - der Theater
technologia - die Technologie
telefon - das Telefon
telefoniczny - Telefon-
telewizor - der Fernseher
ten - dieser
teraz - jetzt
też, także - auch
to - das
toaleta, ubikacja - die Toilette
toaletowy - Toiletten-
torba, torebka - die Tasche
toster - der Toaster
towarzyski - gesellig
transport - der Transport, der Verkehr
trochę - ein bisschen, einige
trolejbus - der Oberleitungsbus, der Obus
truskawka - die Erdbeere
trwać, zajmować czas - dauern
trzeci - dritter
trzy - drei
trzydzieści - dreißig
trzynaście - dreizehn
trzysta - dreihundert
tu, tutaj - hier
tulipan - die Tulpe
tunel - der Tunnel
turysta - der Tourist
twój - dein
ty - du
tydzień - die Woche
tylko - nur
ubezpieczenie - die Versicherung
ubierać się - sich ankleiden
ubranie - die Kleidung
uchwyt, rączka - der Griff
uczeń - der Schüler
uczyć - lehren, beibringen

uczyć się - lernen
udawać się - gelingen
ukraść - stehlen
ulica - die Straße
umieć - können
umiejętność - die Fertigkeit, die Kenntnis
umówić się - sich verabreden
umywalka - das Waschbecken
uniwersytet - die Universität
urodzić się - geboren sein
uważnie - aufmerksam
w domu - zu Hause
w środku, pośrodku - in der Mitte
w, do - in
waga - die Waage
wagon - der Wagen
wakacje - der Urlaub, die Ferien
wana - die Badewanne
warzywa - das Gemüse
wasz - ihr
wazon - die Vase
ważyć - wiegen
wchodzić - (her)einkommen, hineingehen, treten
wchodzić na górę - steigen
wcześniej - früher
wejście - der Eingang
wewnątrz - innen, drinnen
widelec - die Gabel
widzieć - sehen
wieczór - der Abend
wieczorem - abends, am Abend
wiek - der Alter
wiele - viele
Wielka Brytania - Großbritannien
winda - der Aufzug
winogrona - die Traube(n)
wisieć - hängen
włączać - einschalten
włącznik - der Schalter
Włoch - der Italiener
Włochy - Italien
woda - das Wasser
wokół, dookoła - (rund) um
wołać, nazywać - rufen, nennen
wolny, swobodny - frei
wózek - der Wagen
wozić, wieźć - fahren (j-n oder etwas)
wracać - zurückkehren
wrzeć - (über)kochen, sieden
wskazany - angezeigt
wskazywać - anzeigen, andeuten
wśród - unter
wstać - aufstehen
wstawać - aufstehen
wszystko - alles
wtedy - damals, dann
wybierać - wählen
wychodzić - (hin)ausgehen
wyglądać - aussehen
wygodny - bequem
wyjaśniać - erklären
wyjeżdżać - ausfahren
wyjście - der Ausgang
wykładać, układać - auslegen
wykładowca, nauczyciel - der Lehrer
wykształcenie - die Ausbildung
wypełniać - ausfüllen
wypełniony - ausgefüllt
wypić - trinken
wypisywać - ausschreiben
wysoki - hoch
wysyłać - schicken
wzdłuż - entlang
wziąć - nehmen
wzornictwo, design - das Design
z - mit, aus, von
z powrotem - zurück
za - hinter

ząb - der Zahn
zabierać - (weg)nehmen
zachorować, być chorym - erkranken, krank sein
zaczynać - anfangen, beginnen
zadzwonić - anrufen
zajęcia - das Unterricht
zajęty - beschäftigt
zajmować (miejsce) - (Platz) nehmen
zakładać - anziehen
zamawiać - bestellen
zanosić, przynosić - hinbringen
zapewne, chyba - wahrscheinlich
zapisać - aufschreiben
zapisywać - notieren
zapłacić - bezahlen
zaprosić - einladen
zarabiać - verdienen
zasada, reguła - die Regel
zatrudnienie - die Anstellung, die Beschäftigung
zawód - der Beruf, das Fach
zawrzeć umowę - einen Vertrag schließen
zawsze - immer
zbierać - sammeln
zbierać się - sich versammeln
zbiór, kolekcja - die Sammlung
zdecydować - entscheiden
zdjęcie, fotografia - das Foto
zęby - die Zähne
żeby - so dass
żegnać się - sich verabschieden
zeszyt - das Heft
zgadzać się - zustimmen
zieleń - die Grünfläche
zielony - grün
ziemia - die Erde, der Boden
zlew - der Ausguss
żłobek - Kinderkrippe
zmęczyć się - müde werden
znać - kennen
znaczek pocztowy - die Briefmarke
znajdować - finden
znajdować się - sich befinden
znakomity - herrlich
znaleźć - finden
żółty - gelb
żonaty / zamężna - verheiratet (ein Mann / eine Frau)
zostać - bleiben, werden
zrobić - machen, schaffen
zupa - die Suppe
zwierzę - das Tier
zwykle, zazwyczaj - normalerweise
żyć - leben
życie - das Leben
żyrandol - der Kronleuchter
żywność, produkty spożywcze - die Lebensmittel

Wörterbuch Deutsch-Polnisch

Abend, der - wieczór
abends, am Abend - wieczorem
Abenteuer, das - przygoda
aber - ale
ablehnen - odrzucić
absagen - odmawiać
abschneiden - obciąć
Abteilung, die - alejka (w sklepie), dział
acht - osiem
achthundert - osiemset
achtzehn - osiemnaście
Addresse, die - adres
Agentur, die; das Büro - biuro
aktiv - aktywny
Alkohol- - alkoholowy
alles - wszystko
alt - stary
älter - starszy
Alter, der - wiek
Ampel, die - światła drogowe
Ananas, die - ananas
anbieten - oferować, proponować
andere(r/s) - inny
anderthalb - półtora
Anfang, der - początek
anfangen, beginnen - zaczynać
Angaben, die - dane
angezeigt - wskazany
anrufen - zadzwonić
anschauen - oglądać, patrzeć
Anstellung, die; die Beschäftigung - zatrudnienie
antworten - odpowiadać
Anzeige, die - ogłoszenie
anzeigen, andeuten - wskazywać
anziehen - zakładać
Apfel, der - jabłko
Apotheke, die - apteka
Arbeit, die - praca
arbeiten - pracować
Arbeiter, der - robotnik, pracownik
Arbeits- - roboczy
Arzt, der - lekarz
auch - też, także
auf - na
auf Deutsch - po niemiecku
auf Englisch - po angielsku
auf Französisch - po francusku
auf Spanisch - po hiszpańsku
aufmerksam - uważnie
aufräumen - sprzątać
aufschreiben - zapisać
aufstehen - wstać, wstawać
aufwärmen - grzać
Aufzug, der - winda
Ausbildung, die - wykształcenie
ausfahren - wyjeżdżać
ausfüllen - wypełniać
Ausgang, der - wyjście
ausgefüllt - wypełniony
Ausguss, der - zlew
Auskunft, die - informacja
auslegen - wykładać, układać
ausschreiben - wypisywać
aussehen - wyglądać
Auto, das; der Wagen - samochód, auto
Autobahn, die - autostrada
Autoservice, der - autoserwis, serwis samochodowy
Badewanne, die - wana
Badezimmer, das; das Bad - łazienka
bald - niedługo
Banane, die - banan
Bank- - bankowy
Bank, die - bank

Bar, die; die Gaststätte - bar
Bargeld, das - gotówka
Basketball, der - koszykówka
Baum, der - drzewo
begleiten - odprowadzać, towarzyszyć
behandelt werden - być leczonym, leczyć się
Behandlung, die - leczenie
bei, an, nah - koło, obok, przy
beigefarben, beige, sandfarbig - beżowy
bekommen - dostać
belegtes Brot; die Schnitte - kanapka
bequem - wygodny
Berater, der - doradca
Berg, der - góra
Beruf, der; das Fach - zawód
beschäftigt - zajęty
besprechen - omawiać, rozmawiać o czymś
besser - lepiej
bestellen - zamawiać
Bett, das - łóżko
bezahlen - płacić, zapłacić
Bibliothek, die; die Bücherei - biblioteka
Bibliothekar, der - bibliotekarz
Bild, das - obraz(ek)
Biologie, die - biologia
bis, zu, nach - do, ku
bitten - prosić
blau - niebieski
bleiben - zostać
Bleistift, der - ołówek
Blender, der - blender
Blume, die - kwiat
Boulevard, der - bulwar
brauchen - potrzebować
braun - brązowy
brennen - palić się, płonąć
Briefmarke, die - znaczek pocztowy
Brille, die - okulary
Brot, das - chleb
Brötchen, das - bułka, bułeczka
Brücke, die - most
Bruder, der - brat
Brüssel - Bruksela
Buch- - książkowy
Buch, das - książka
Bücherschrank, das - regał
Bürgersteig, der; der Fußweg - chodnik
Büro, das - biuro, sala, pokój
Bürste, die - szczotka
Bus, der - autobus
Café, das - kawiarnia
Chips, die - chipsy
Computer, der - komputer
Dach, das - dach
damals, dann - wtedy
danke - dziękuję
dann - potem
das - to
dauern - trwać, zajmować czas
Decke, die - sufit
dein - twój
Dekanat, das - dziekanat
denken - myśleć
Denkmal, das - pomnik
deshalb - dlatego
Design, das - wzornictwo, design
Dessert, das; der Nachtisch - deser
Detektiv, der - detektyw
deutsch - niemiecki
diese (Fem. Sing.) - ta
diese (Pl.) - te
dieser - ten
Ding, das - rzecz, przedmiot
doch - jednak

dort(hin) - tam
draußen - na zewnątrz
drei - trzy
dreihundert - trzysta
dreißig - trzydzieści
dreizehn - trzynaście
dritter - trzeci
du - ty
dunkel - ciemno
Dusche, die - prysznic
Ecke, die - kąt
Egland - Anglia
Ei, das - jajko
ein - jeden
ein bisschen - trochę
ein Stückchen - kawałek, kawałeczek
einen Vertrag schließen - zawrzeć umowę
Eingang, der - wejście
eingiessen - nalewać
einige - trochę
einladen - zaprosić
einmal (zweimal etc.) - raz (dwa razy itd.)
Einpersonen- - jednoosobowy, pojedynczy
einschalten - włączać
Eis, das - lody
Eltern, die - rodzice
Engländerin, die - Angielka
englisch - angielski
entgegen - naprzeciw
entlang - wzdłuż
entscheiden - postanawiać, decydować, zdecydować
Entschluss, der; die Entscheidung - decyzja, wybór
er / sie / es - on / ona / ono
Erdbeere, die - truskawka
Erde, die; der Boden - ziemia
Erfahrung, die - doświadczenie
erklären - wyjaśniać
erkranken, krank sein - zachorować, być chorym
ernähern - odżywiać
erreichen - docierać
erster - pierwszy
es gibt - jest
essen - jeść
Essen, das - jedzenie
Etage, die - piętro
etwas - coś
Euro - euro
Fach, das ; das Ding - przedmiot
fahren - jechać, jeździć
fahren (j-n oder etwas) - wozić, wieźć
Fahrer, der - kierowca
Fahrkarte, die - bilet
Fahrt, die - przejazd
Familie, die - rodzina
Familien- - rodzinny
Familienname, der - nazwisko
Farbe, die - kolor, barwa
Fenster, das - okno
Fernseher, der - telewizor
fertig - gotowy
Fertigkeit, die; die Kenntnis - umiejętność
Film, der - film
finden - znajdować, znaleźć
Fisch, der - ryba
Flasche, die - butelka
Fleisch, das - mięso
fliegen - lecieć
fließend - biegle
Flocken, die - płatki (śniadaniowe)
Flug, der - lot
Flughafen, der - lotnisko
Flugzeug, das - samolot
Flur, der - korytarz, przedpokój

Fluß, der - rzeka
Formel, die - formuł(k)a
Foto, das - zdjęcie, fotografia
fotografieren - fotografować, robić zdjęcia
Fragebogen, der - formularz, kwestionariusz
fragen - pytać
französisch - francuski
Frau, die - kobieta
frei - wolny, swobodny
Freitag - piątek
Freund, der - przyjaciel
Freundin, die - przyjaciółka
früher - wcześniej
Frühstück, das - śniadanie
frühstücken, Frühstück essen - jeść śniadanie
fühlen - czuć
führen, leiten - prowadzić
Führerschein - prawo jazdy
fünf - pięć
fünfzehn - piętnaście
fungieren - działać
für - dla
Fußball, der - piłka nożna
Fußballspiel, das - mecz piłkarski
Fußballspieler, der - piłkarz
Fußboden, das - podłoga
Gabel, die - widelec
ganze - cała
Garage, die - garaż
Garten, der - ogród
Gas, das - gaz
Gast, der - gość
geben - dać, dawać
geboren sein - urodzić się
geeignet, passend - odpowiedni
gefallen - podobać się
gegenüber - naprzeciwko
gehen - chodzić, pójść, iść
gelb - żółty
Geld, das - pieniądze
Geldtasche, die - portmonetka
gelingen - udawać się
Gemüse, das - warzywa
gemütlich - przytulnie, przytulny
genug sein - starczać
Geographie, die - geografia
Gepäck, das - bagaż
geradeaus - prosto, na wprost
geräumig - przestronny
Geschäft, das; der Laden - sklep
Geschichte, die - historia
Geschirr, das - naczynia
gesellig - towarzyski
Getränk, das - napój
Glas, das - szklanka
Glas-, gläsern - szklany, ze szkła
grau - szary
greifen - chwytać, sięgać
Griff, der - uchwyt, rączka
groß - duży
Großbritannien - Wielka Brytania
grün - zielony
Grünfläche, die - zieleń
Gummi, der - guma
Gurke, die - ogórek
gut - dobry, dobrze
haben - mieć
Hälfte, die - połowa
Haltestelle, die - przystanek
Hamburger, der - hamburger
Hand, die - ręka
Handarbeit, die - fizyczna praca
Handtuch, das - ręcznik
hängen - wisieć
Haus, das - dom
Heft, das - zeszyt
heiß - gorąco, gorący
helfen - pomagać
hell - jasno, jasny

herangehen, sich nähern - podchodzić, zbliżać się
Herd, der - kuchenka
hereinkommen - wchodzić
herrlich - znakomity
heute - dzisiaj, dziś
hier(her) - tu, tutaj
hinausgehen - wychodzić
hinbringen - zanosić, przynosić
hineingehen, treten - wchodzić
hinter - za
hinzufügen - dodawać
hoch - wysoki
hölzern, Holz- - drewiany, z drewna
Honig, der - miód
hören - słuchać
Hörsaal, der - sala, aula
Hotel, das - hotel
Hühnchen, das - kura, kurczak
Hühner, die - kury, kurczaki
Hund, der - pies
ich - ja
ihn, sein - go, jego
ihr - wasz
immer - zawsze
Immobilie, die; das Grundbesitz - nieruchomość
in - w, do
in der Mitte - w środku, pośrodku
innen, drinnen - wewnątrz
interessant - ciekawie, ciekawy
irgendwann - kiedyś
irgendwelcher - jakiś
Italien - Włochy
Italiener, der - Włoch
ja - tak
Jahr, das - rok
Jahre - lat
jeder - każdy
jemand - ktoś
jenes - tamto
jetzt - teraz
Kaffee, der - kawa
Kaffeemaschine, die - ekspres do kawy
kalt, kühl - chłodno, zimno
Kamin, der - kominek
Karotte, die - marchew
Käse, der - ser
Kasse, die - kasa
Kasserolle, die; der (Koch)topf - garnek
Kassierer, der - kasjer
Katze, die - kot
kaufen - kupić, kupować
Keks, der; das Törtchen - ciastko, ciasteczko
Kellner, der - kelner
kennen - znać
kennenlernen - poznać
Kind, das - dziecko
Kinder- - dziecięcy
Kinderkrippe - żłobek
Kino, das - kino
Kiosk, der - kiosk
Kissen, das - poduszka
Kleidung, die - ubranie
klein - mały
Klingel, die - dzwonek
Klinik, die - klinika
klopfen - pukać
Klub, der - klub
Kohl, der - kapusta
Komödie, die - komedia
können - móc, umieć
Korb, der - kosz
kosten - kosztować
krank sein - być chorym
Kreide, die - kreda
Kronleuchter, der - żyrandol
Küche, die - kuchnia

Küchen- - kuchenny
kühl - chłodny, zimny
Kühlschrank, der - lodówka
Kunststoff-, aus Kunststoff - plastikowy, z plastiku
lachen - śmiać się
Lachs, der - łosoś
Lampe, die - lampa
Land, das - kraj
Landkarte, die - mapa
lange - długo
Laptop, der - laptop
laufen - biegać
Läufer, der; der Bettvorleger - dywanik
laut - głośny
leben - żyć
Leben, das - życie
Lebensmittel, die - żywność, produkty spożywcze
Lebensmittelgeschäft, das - sklep spożywczy
lecker - smaczny, pyszny
ledern, Leder- - skórzany, ze skóry
leer - pusty
legen - kłaść, położyć
Lehrbuch, das - podręcznik
lehren, beibringen - uczyć
Lehrer, der - wykładowca, nauczyciel
leicht - lekki
Leiter, der; der Chef - szef
lernen - uczyć się
lesen - czytać
letztens, kürzlich - niedawno
leuchten, scheinen - świecić
Leute, die - ludzie
Licht, das - światło
Liebe, die - miłość
lieben - kochać
liegen - leżeć
Lineal, das - linijka
links - po lewej (stronie)
Liter, der - litr
Löffel, der - łyżka, łyżeczka
Lokum, das - lokum, mieszkanie
Londoner - londyński
lustig - śmieszny
machen, schaffen - robić, zrobić
Mädchen, das - dziewczyna
manchmal - czasami
Mann, der - mężczyzna
männlich - męski
Maschine, die - maszyna
Mechaniker, der - mechanik
mehr, noch - jeszcze
mein - mój
mein, dein etc. (eigen) - swój
meine - moja
Messer, das - nóż
metallen, Metall- - metalowy, z metalu
Mikrowelle, die - mikrofalówka
Milch, die - mleko
Minibus, der - minibus, busik
Minute, die - minuta
mit, aus, von - z
Mittagsessen, das - obiad
Mixer, der - mikser
Möbel, die - meble
möglich - można
Monat, der - miesiąc
morgen - jutro
Morgen, der - rano, ranek
Motorrad, das - motor, motocykl
müde werden - zmęczyć się
Müll, der; der Abfall - śmieci
Museum, das - muzeum
Mutti, die - mama
nach - po
nach Hause - do domu
Nachbar, der - sąsiad

nächster - następny
nah, in der Nähe - koło, obok, przy
Name, der - imię
national - narodowy
Nationalität, die - narodowość
natürlich - oczywiście
Neapel - Neapol
neben - koło, obok, przy
nehmen - brać, wziąć
nehmen (Platz) - zajmować (miejsce)
nein; es gibt kein(e/en) - nie; nie ma
neu - nowy
neun - dziewięć
neunzehn - dziewiętnaście
nich groß - niewysoki
nicht - nie
nicht groß - nieduży
nicht neu - nienowy
nicht teuer, preisgünstig - niedrogi
nicht weit - niedaleko
nie(mals) - nigdy
Niederländer, der - Holender
niederländisch - holenderski, niderlandzki
normalerweise - zwykle, zazwyczaj
notieren - zapisywać
nötig, notwendig - potrzebny, niezbędny
Nudeln, die - makaron, kluski
Nummer, die - numer
nur - tylko
ob - czy
Oberleitungsbus, der; der Obus - trolejbus
Obst, das - owoce
oder - albo, lub
öffnen, aufmachen - otwierać
oft - często
ohne - bez
Oma, die; die alte Frau - babcia
Opa, der; der alte Mann - dziadek
Orange, die - pomarańcza
Orangen- - pomarańczowy
Ort, der; der Platz - miejsce
Ozean, der - ocean
Paar, das - para
Päckchen, das - paczka
Paket, das - opakowanie
Papa, der - tata
Papier - papier
Park, der - park
Parzelle, die - działka, parcela
Pass, der - paszport
Pause, die - przerwa
Person, die; der Mensch - człowiek
persönlich - osobowy
Pfirsich, der - brzoskwinia
Physik, die - fizyka
Pilz, der - grzyb
Pizza, die - pizza
Platz, der - plac
Polizei, die - policja
Polizist, der - policjant
Polyethylen- - polietylenowy, foliowy
Postamt, das - poczta
Preis, der; die Kosten (pl.) - cena, koszt
professionell - profesjonalny, zawodowy
Prüfung, die - egzamin, sprawdzian
purpurrot - purpurowy
Rechnung, die - rachunek
Rechte, die - prawa
rechts - po prawej (stronie)
Rechtsanwalt, der - prawnik
reden, sich unterhalten - rozmawiać
Regal, das - półka
Regel, die - zasada, reguła

Regen, der - deszcz
reinigen, sauber machen - czyścić
Reis, der - ryż
reisen - podróżować
Renovierung, die - remont
Restaurant, das - restauracja
Richtung, die - kierunek
roh - surowy
Rose, die - róża
rot - czerwony
rufen, nennen - wołać, nazywać
ruhig - spokojnie
rund - okrągły
rund um - wokół, dookoła
Rundfunk, der; das Radioapparat - radio
Saal, der; die Halle - sala
Saft, der - sok
sagen - opowiedzieć, powiedzieć
Sahne, die - śmietana
sammeln - zbierać
Sammlung, die - zbiór, kolekcja
Samstag, der - sobota
sauber - czysty
Schachtel, die; die Kiste - skrzynka
Schalter, der - włącznik
schicken - wysyłać
Schiff, das - statek
Schlaf- - sypialny
Schlange, die - kolejka
Schlüssel, der - klucz
schmutzig - brudny
schneiden - ciąć
schnell - szybko
schon - już
schön - piękny, ładny
Schrank, der - szafa, szafka, regał
schrecklich, fürchterlich - straszny, groźny
schreiben - pisać
Schriftstellerin, die - pisarka
Schublade, die - szuflada
Schule, die - szkoła
Schüler, der - uczeń
schütten - nasypać, sypać
schwarz - czarny
schweigend - milcząco, w ciszy, po cichu
Schwester, die - siostra
schwimmen - pływać
sechs - sześć
See, der - jezioro
See, die; das Meer - morze
sehen - widzieć
sehr - bardzo
Seife, die - mydło
sein - być
Seite, die - strona
Selbstbedienungswäscherei, die - pralnia
Serviette, die; das Mundtuch - serwetka
Sessel, der - fotel
Shakespeare - Szekspir
sich ankleiden - ubierać się
sich ausruhen, sich erholen - odpoczywać
sich befinden - znajdować się
sich bemühen - (po)starać się
sich bewegen - (po)ruszać się
sich erwärmen - rozgrzać się
sich setzen - siadać
sich verabreden - umówić się
sich verabschieden - żegnać się
sich versammeln - zbierać się
sich vorbereiten - przygotowywać się
sich waschen - myć się
sie (Pl.) - oni
sieben - siedem
sitzen - siedzieć
so dass - żeby

so, ja - tak
Sofa, das - kanapa
sofort, auf der Stelle - od razu, natychmiast, z góry
sollen - powinien
Sonne, die - słońce
Sonntag, der - niedziela
sorgfältig - staranny
Spanier, der - Hiszpan
spazieren gehen - spacerować
Speise, die; das Gericht - danie
Speisezimmer, das - jadalnia
Spiegel, der - lustro
Spiel, das - gra
spielen - grać, bawić się
Sprache, die; die Zunge - język
sprechen, plaudern - mówić, rozmawiać, gadać
Springbrunnen, der; die Fontäne - fontanna
Stadt, die - miasto
Stand, der - stan
Station, die; der Bahnhof - dworzec
Stau, der - korek
stehen - stać
stehlen - ukraść
steigen - wchodzić na górę
stellen - stawiać
still, leise - cicho, cichy
Strand, der - plaża
Straße, die - ulica
Stück, das - sztuka
Student, der - student
Stuhl, der - krzesło
Stunde, die - godzina
suchen - szukać
Supermarkt, der - supermarket
Suppe, die - zupa
süß - słodki
Tag, der - dzień
Tasche, die - torba, torebka
Tasse, die - kubek, filiżanka
Taxi, das - taksówka
Technologie, die - technologia
Tee, der - herbata
Teekessel, der - czajnik
Teilzeitarbeit,die - praca na część etatu
Telefon- - telefoniczny
Telefon, das - telefon
Teller, der - talerz
Teppich, der - dywan
teuer - drogi, drogo
Theater, der - teatr
Tier, das - zwierzę
Tisch, der - stół
Tischlein, das - stolik
Tischtuch, das - obrus
Toaster, der - toster
Toilette, die - sedes, toaleta, ubikacja
Toiletten- - toaletowy
Tomate, die - pomidor
Tourist, der - turysta
tragen - nieść
Transport, der; der Verkehr - transport
Transportarbeiter, der; der Lader - ładowacz, magazynier
Traube(n), die - winogrona
treffen - spotkać
Treppenhaus, das - klatka schodowa
Treppenstufe, die - schodek
trinken - pić, wypić
Trockner, der; der Fön (für die Haar) - suszarka
Tschüß, Hallo - cześć, hej
Tulpe, die - tulipan
Tunnel, der - tunel
Tür, die - drzwi
U-Bahn, die - metro

über - o, po, wzdłuż
über (z.B. eine Stunde) lang - przez
über, oberhalb - nad
überkochen, sieden - wrzeć
Ufer, das - brzeg
umziehen - przeprowadać się
und - i
ungefähr - około
Universität, die - uniwersytet
uns - nas
unser - nasz
unter - pod, wśród
Unterricht, das - lekcja, zajęcia
Urlaub, der; die Ferien - wakacje
Vase, die - wazon
Vater, der - ojciec
verdienen - zarabiać
vergehen - mijać, upływać
verheiratet (ein Mann / eine Frau) - żonaty / zamężna
verkaufen - sprzedawać
verkauft werden - sprzedawać się
verschieden - różny
Versicherung, die - ubezpieczenie
versprechen - obiecać
Vertreter, dcr; der Agent - agent, przedstawiciel
viele - wiele
vielleicht - (być) może
vier - cztery
vierter - czwarty
vierzig - czterdzieści
Vogel, der - ptak
voll - pełny
vom Anfang an - od początku
vorbei, neben - obok
Vorort, der; die Vorstadt - przedmieście
Vorschlag, der - propozycja
vorschlagen - proponować
Waage, die - waga
wachsen - rosnąć
Wagen, der - wózek, wagon
wählen - wybierać
wahrscheinlich - zapewne, chyba
Wand, die - ściana
wann, als - kiedy
warm - ciepły
warten - czekać
warum - dlaczego
was - co
Waschbecken, das - umywalka
Wäsche, die - bielizna
waschen - myć, prać
Waschen, das - mycie
Wasser, das - woda
Wasserhahn, der - kran, kurek
Weg, der - droga
wegfahren - odjechać
wegnehmen - zabierać
weich - miękki
weil - bo, ponieważ
weinen - płakać
weiß - biały
weit - daleko
weiter - dalej
weitermachen - kontynuować
welche(r/s), was für ein(e) - jaki, który
Welt, die - świat
wenig - mało, niewiele
wer - kto
Werbung, die - reklama
werden - zostać
wessen - czyj
Wetter, der - pogoda
wie - jak
wie viele Jahre - ile lat
wiegen - ważyć
wieviel - ile
wir - my
Wirt, der - gospodarz, właściciel

wo - gdzie
Woche, die - tydzień
woher - skąd
wohin - dokąd
Wohnung, de - mieszkanie
Wohnzimmer, das - duży pokój
wollen - chcieć
wünschen - chcieć, pragnąć
Wurst, die - kiełbasa
Zahn, der - ząb
Zahnarzt, der - dentysta
Zähne, die - zęby
zehn - dziesięć
zeigen - pokazać
Zeit, die - czas
Zeit verbringen - spędzać czas
Zeitschrift, die - czasopismo
Zeitung, die - gazeta
zentrale - centralny
Zentrum, das - centrum
ziehen (Tee) - parzyć (herbatę)
Zimmer, das ; der Frieden - pokój
Zitrone, die - cytryna
zu Fuß - pieszo
zu Hause - w domu
zu Mittag essen - jeść obiad
zubereiten - przyrządzać
Zucker, der - cukier
Zug, der - pociąg
zurück - z powrotem
zurückgeben, abgeben - oddawać, oddać
zurückkehren - wracać
zusammen, gemeinsam - razem
Zusammenfassung, die; das Resümee - streszczenie
zustimmen - zgadzać się
zwanzig - dwadzieścia
zwei - dwa
zweiter - drugi
zwischen - między
zwölf - dwanaście
zwölfter - dwunasty

Buchtipps

Das Erste Polnische Lesebuch für Anfänger

Zweisprachig mit Polnisch-deutscher Übersetzung Stufe A1

Das Buch enthält einen Kurs für Anfänger und fortgeschrittene Anfänger, wobei die Texte auf Deutsch und auf Polnisch nebeneinanderstehen. Die dabei verwendete Methode basiert auf der natürlichen menschlichen Gabe, sich Wörter zu merken, die immer wieder und systematisch im Text auftauchen. Die Audiodateien sind auf www.lppbooks.com/Polish/index_de.html inklusive erhältlich.

Das Erste Polnische Lesebuch für Anfänger Band 2

Zweisprachig mit Polnisch-deutscher Übersetzung Stufe A2

Dieses Buch ist Band 2 des Ersten Polnischen Lesebuches für Anfänger. Das Buch enthält einen Kurs für Anfänger und fortgeschrittene Anfänger, wobei die Texte auf Deutsch und auf Polnisch nebeneinanderstehen. Die dabei verwendete Methode basiert auf der natürlichen menschlichen Gabe, sich Wörter zu merken, die immer wieder und systematisch im Text auftauchen. Die Audiodateien sind auf www.lppbooks.com/Polish/index_de.html inklusive erhältlich.

Das Zweite Polnische Lesebuch Zweisprachig mit Polnisch-deutscher Übersetzung Stufe A2 B1

Der Privatdetektiv ist hinter der Frau her, die er liebt. Ehemaliger Luftwaffenpilot, entdeckt er einige Seiten in der menschlichen Natur, mit denen er nicht zurechtkommen kann. Neue Worte werden im Buch von Zeit zu Zeit wiederholt, dadurch können Sie sich leichter an sie erinnern. Die Audiodateien sind auf www.lppbooks.com/Polish/index_de.html inklusive erhältlich.

Das Erste Polnische Lesebuch für Studenten Zweisprachig mit Polnisch-deutscher Übersetzung Stufe A1 und A2

Das Buch enthält einen Kurs für Anfänger und fortgeschrittene Anfänger, wobei die Texte auf Deutsch und auf Englisch nebeneinander stehen. Die Dialoge sind praxisnah und alltagstauglich. Die Audiodateien sind auf www.lppbooks.com/Polish/index_de.html inklusive erhältlich.

Erste Polnische Fragen und Antworten für Anfänger

Zweisprachig mit Polnisch-deutscher Übersetzung Stufe A1

Das Buch enthält einen Kurs für Anfänger und fortgeschrittene Anfänger, wobei die Texte auf Polnisch und auf Deutsch nebeneinander stehen. Das Buch enthält viele Beispiele für Fragen und Antworten im Englischen. Sätze werden stets aus den im vorherigen Kapitel erklärten Wörtern gebildet. Die Audiodateien sind auf www.lppbooks.com/Polish/index_de.html inklusive erhältlich.